LES

FOLIES PARISIENNES

PAR

CHAM

CHEZ LE MÊME ÉDITEUR

DOUZE ANNÉES COMIQUES

PAR

CHAM

(1868-1879) — 1,000 Gravures

INTRODUCTION PAR LUDOVIC HALÉVY

L'ASSEMBLÉE NATIONALE COMIQUE

Texte par A. Lireux

180 Dessins inédits de CHAM

Un beau volume très grand in-8°

Paris. — Charles UNSINGER, imprimeur, 83, rue du Bac.

LES

FOLIES PARISIENNES

QUINZE ANNÉES COMIQUES

1864-1879

PAR

CHAM

Introduction par *GÉROME*

PARIS

CALMANN LÉVY, ÉDITEUR

Rue Auber, 3, Boulevard des Italiens, 15

22, Rue des Saints-Pères, 22

1883

CHAM

Un homme n'a pas été, pendant plus de trente années, la personnification de l'éclat de rire et de la gaieté dans un pays; il n'a pas été l'expression par excellence de la malice et de l'esprit dans une société, la plus friande qui soit au monde de malice et d'esprit, sans laisser après lui, par sa mort inattendue, un grand, un irréparable vide.

On comprit si bien, à Paris, toute l'étendue de la perte qui atteignait chacun en particulier, lorsque, pour la première fois et pour toujours, Cham laissa tomber son crayon, que l'on ne voulut pas, d'abord, ajouter foi à la réalité de la triste nouvelle. Naguère encore, la veille même de ce jour néfaste, le cher artiste semblait toujours si vivant par l'esprit!... Cham mort! c'était la revanche subite du deuil et de la tristesse; c'était l'horizon parisien douloureusement assombri; c'était la fleur disparue du bon sens et de l'esprit français...

Oui, pendant plus de trente années, Cham avait incarné véritablement en lui l'esprit français, l'esprit parisien, dans son éclat le plus brillant, dans sa plus piquante saveur, dans sa tout exquise finesse, dans sa verve pétillante, dans son tact, sa générosité, sa franchise, et surtout peut-être dans ce naturel et comme cette bonne santé qui le caractérisent.

Rien n'est plus salutaire, si l'on peut dire, au physique et au moral, que le bon rire de notre race; rien n'est plus sympathique et plus séduisant que sa spontanéité joyeuse qui ne laisse aucune place à l'envie, à la méchanceté, à la haine. Or, tel était essentiellement le rire de Cham, ou plutôt celui qu'il avait, à si haut degré, le don d'exciter.

Car, c'est un trait digne de remarque : l'excellent artiste n'était certes point de physionomie nébuleuse ou mélancolique; mais il n'avait rien, en sa personne, d'exubérant ni de réjoui; bien loin de là. On imaginerait même difficilement une plus complète dissemblance entre le dessinateur et son œuvre, entre l'homme et son talent.

La cause déterminante de cette sorte d'anomalie nous est fournie par ses origines de famille.

Ce pseudonyme de Cham était, comme on sait, une première charge. Cham se nommait, en réalité, Amédée de Noé; il était le second fils du comte Jude-Amédée de Noé, pair de France. Le château patrimonial des Noé, dont la noblesse remonte aux premiers temps carlovingiens, est situé dans une petite île non loin de Mirande. C'est là que naquit le futur caricaturiste, le 20 janvier 1819.

Il appartenait donc au Midi par sa famille paternelle et par sa naissance; mais sa mère était Anglaise : ainsi peuvent s'expliquer les contradictions apparentes de sa nature. La vivacité et l'originalité de son esprit dénotaient le Méridional. En revanche, il tenait de sa mère cet extérieur flegmatique, cette correction et cette froideur toute britannique, qu'on n'aurait guère attendus en lui.

Cham, en effet, était l'impassibilité faite homme. Ses yeux, d'un bleu d'acier, étaient pénétrants et animés; mais le regard ne s'associait point au sourire qui se jouait parfois sous une longue et blonde moustache, coupant en deux un visage un peu osseux. Qu'on joigne à cela une certaine raideur d'allures, une taille élevée et d'une sveltesse poussée jusqu'à la maigreur, de longues jambes, une légère pointe d'accent anglais, et l'on jugera du contraste que nous venons d'indiquer, contraste purement apparent, ainsi que nous l'avons dit.

Mystificateur impitoyable, Cham ne se faisait pas faute, comme bien on pense, de mettre à profit cet étonnant sang-froid dont l'avait doué la nature, pour en imposer plus sûrement à ses victimes, et c'est avec un bonheur d'enfant qu'il jouissait ensuite de l'ébahissement profond dans lequel il les plongeait. Rappelons seulement, à ce propos, une anecdote que tout le monde connaît : — Un jour, dans une allée des Champs-Élysées, l'artiste aperçoit son ami Ruggieri; s'élançant aussitôt vers lui, il se met en devoir de simuler, à grand renfort d'onomatopées et de gestes excentriques, un feu d'artifice avec bombes, fusées, chandelles romaines, etc. Le monsieur, surpris, lève la tête : horreur! ce n'était pas Ruggieri... et Cham, reprenant dans l'instant sa gravité, s'éloigne à larges pas, après un salut courtois...

Causeur étincelant, si jamais il en fut, l'imprévu de ses saillies en augmentait encore le joyeux effet, et sa voix, peut-être un peu sourde, n'en excellait pas moins à donner au mot toute sa valeur et toute sa portée.

Quant à sa maigreur quasi légendaire, elle lui fournissait un interminable thème à plaisanteries de genre varié. Nous connaissons de lui deux croquis bien amusants : *Cham dans sa croissance*, et *Cham à quatorze ans*. Dans l'un, il s'est représenté lui-même tout enfant, juché déjà sur une paire de jambes d'une longueur extravagante et qui rappellent assez bien les grandes échasses en usage parmi les bergers des Landes; dans l'autre croquis, le jeune Amédée nous apparaît non moins impalpable et non moins élancé; mais, cette fois, ce sont particulièrement ses bras qui atteignent un développement tout à fait extraordinaire... Ses camarades l'avaient d'ailleurs surnommé « le grand peuplier ». — « Vos avantages physiques doivent vous être d'un grand secours en escrime, lui disait-on un jour, en faisant allusion à la longueur de ses jambes. — Sans doute, répondait Cham; mais il n'y a point, à Paris, de salle assez vaste pour moi... J'atteins l'extrémité de la plus étendue, en allongeant seulement le bras. — Et lorsque vous vous fendez? — Oh! alors... je vais en province!... » Lui-même prenait d'ailleurs plaisir à raconter des anecdotes comme celle-ci : — Passant devant la boutique d'un tailleur, il aperçoit à l'étalage un pantalon dont la nuance lui plaît. Il entre et demande le prix du vêtement exposé : c'était cinquante francs. — Prenez-moi donc mesure, dit Cham, d'un pantalon semblable. Le tailleur commençait alors à dérouler son double mètre le long de la jambe du caricaturiste, en partant de la ceinture, mais il s'arrêtait stupéfait et comme effrayé à la hauteur du genou, en balbutiant : — Il m'est impossible, Monsieur, d'aller plus bas, pour le prix fixé...

Comme pour ajouter une contradiction à tant d'autres et pour se donner à lui-même un vivant démenti, l'inépuisable railleur était un sentimental; il réunissait en quelque sorte, ainsi qu'on l'a si bien dit, l'âme de Don Quichotte et l'esprit de Sancho Pança. Il se prenait d'enthousiasme, il « s'emballait »; il avait rang dans cette phalange, chaque jour décimée, des « jobards » dont parle Labiche, au cours de *la Cigale chez les Fourmis*... Il était patriote jusqu'au chauvinisme; et l'on n'aurait pas pu trouver d'homme plus sensible, plus serviable, plus foncièrement bon, plus facile à l'émotion, que ce maître du rire léger !

Cham, en effet, n'avait ni dureté dans le caractère ni sécheresse dans le cœur; son scepticisme n'était qu'une moquerie aimable et sans fiel, qui savait garder la mesure et les convenances... Le scepticisme véritable ne peut qu'être triste et amer : il naît du découragement et de la désillusion. Mais ne sommes-nous pas, le plus souvent, désenchantés par suite de nos propres fautes? N'est-ce pas, le plus souvent, par manque d'énergie et d'indulgence, par égoïsme et par vanité, que nous prenons insensiblement le chemin du scepticisme?... Le bon artiste, lui, était de nature ardente et laborieuse; il était généreux, aimant et dévoué; entouré d'amitiés fidèles, il vécut d'une vie régulière et calme qui fit de lui un homme heureux. Ce fut avec une spontanéité simple et noble que, vers les dernières années de sa vie, il s'offrit à participer, dans la mesure du possible, à la grande œuvre de charité de l'admirable abbé Roussel; et la vive sympathie que lui inspirèrent alors les jeunes orphelins d'Auteuil, réhabilita quelque peu à ses yeux ce gamin de Paris que son crayon a tant de fois et si plaisamment mis en scène !

Certes, il était observateur trop pénétrant et trop exercé pour ne pas prendre garde aux menus défauts, aux faiblesses, aux ridicules de la pauvre humanité : il en faisait chaque jour son profit. Mais son grand fond d'indulgence n'en était nullement amoindri : « L'homme n'est pas méchant, avait-il coutume d'affirmer dans sa philosophie souriante; il n'est que drôle... » Toutefois il lui préférait les animaux; les chiens, surtout, dont il s'intitulait lui-même l'ami, et qui lui paraissaient, sans comparaison, de bien meilleures personnes... Aussi occupèrent-ils une place véritablement importante dans son existence. *Bijou*, un charmant petit caniche à soies blanches, fut, pendant longtemps, comme une partie intégrante de lui. On ne les voyait jamais l'un sans l'autre. Le maître était aux petits soins pour son toutou : il le portait, le choyait, le cajolait et subissait, avec une docilité exemplaire, ses moindres caprices. — « C'est moi qui suis le chien... » disait-il, assez piteusement, à un de ses amis qui s'étonnait de tant de condescendance... Bijou avait sa corbeille à la place d'honneur, au milieu de l'atelier; les affaires d'État semblaient moins graves qu'une indisposition de Bijou. Et quelles alarmes, quels regrets, lorsque, subissant enfin le sort commun aux bêtes et aux hommes, il passa de vie à trépas! Cham en demeura plongé dans une vraie tristesse; il fallut, pour la dissiper peu à peu, que *Jocko* vînt succéder à *Bijou* et fournir un nouvel aliment aux sentiments affectueux de l'excellent homme.

A chaque page, peut-on dire, de son œuvre immense, on retrouve la trace de sa partialité instinctive en faveur des animaux. Le caricaturiste ressent un intime plaisir à faire terrifier un malheureux chasseur par quelque ragot d'aspect féroce, à le faire « blaguer », agacer, exaspérer par son brave homme de chien, voire, au besoin, par quelque modeste lapin. Le cocher de fiacre est peut-être le type contre lequel il s'est le plus volontiers escrimé, par la raison qu'il le considérait un peu comme le délégué spécial, comme le représentant officiel et le tourmenteur breveté de S. M. Satan, dans Paris, l'enfer des chevaux.

Nous mentionnerons même ici, toujours à propos de cette sympathie dominante, un petit souvenir personnel. — C'était un soir, en montant la rue de Calais. Devant nous marchait un personnage de haute taille, qui possédait tout à fait la tournure et l'allure d'un gentleman accompli... Quel ne fut pas notre étonnement en voyant subitement ce grand monsieur si correct s'arrêter devant un affreux roquet crotté, souillé, hérissé, sans noblesse, et même passablement canaille, qui pataugeait en boitant dans le ruisseau, se baisser vers lui, le flatter de la main, et sans rien perdre de sa gravité, lui adresser des : « Mon brave toutou, qu'est-ce que tu as à la patte? » empreints d'une sollicitude infinie!... Nous nous empressons de le rejoindre et de le dévisager; et nous reconnaissons alors que le charitable Petit-Manteau-Bleu des roquets boiteux n'était autre que le caricaturiste Cham, retournant chez lui avec son petit caniche qu'il portait sur son bras.

Il demeurait tout à l'ouest de Paris, rue Nollet. La maison renfermait un petit jardin sur lequel donnaient les fenêtres de l'artiste qui pouvait surveiller ainsi les ébats de Bijou. C'est de ce logis coquet et tranquille, que s'envolèrent, pendant de longues années, ces innombrables croquis, chefs-d'œuvre d'humour, de bon sens, d'observation fine et comique, soulignés par ces légendes brèves et incisives qui fixaient le trait dans la mémoire, et dont Cham a emporté le secret. C'est là que, dès la première heure du jour, debout devant son pupitre, il crayonnait d'une main preste, sans recherche et sans effort, multipliant incessamment croquis et dessins, avec une prodigalité sans égale, en vrai millionnaire qu'il était de bonne humeur et d'esprit... Cet atelier, dont un coin était occupé par un modeste lit de camp, fut comme le quartier général de cette petite guerre que le vaillant artiste soutint sans interruption, pendant un si long espace de temps, contre les abus et les ridicules du jour, contre les utopies, contre les divagations de la politique, contre les excentricités de la mode, de la littérature, des arts et des mœurs, contre la sottise sous toutes ses formes, au nom du bon sens et du bon goût.

Ces deux qualités, répétons-le, composaient le fond et la base de son brillant talent : l'éducation première du jeune vicomte de Noé, ses premières études, le milieu dans lequel il grandit, n'ont pas, sans doute, été étrangers à leur développement.

La vocation s'était déclarée chez lui dès son enfance, et les dessins plus ou moins fantaisistes dont il criblait les marges de ses livres et les pages de ses cahiers d'écolier, dénotaient une précocité étonnante. Nous avons sous les yeux une *bataille*, oui, une bataille, dessinée par lui vers l'âge de huit ans, et qui est bien la chose du monde la plus curieuse... Cependant sa famille le destinait à l'École polytechnique; on l'y prépara par des études spéciales. Les dispositions artistiques du jeune homme se fortifièrent néanmoins, malgré les entraves, et finirent par triompher. Au lieu de l'habit à passepoils rouges dessiné par David, ce fut la veste du peintre qu'il endossa; au lieu de l'épée, ce fut le crayon — arme moins meurtrière, mais souvent plus redoutable que la première — qu'il voulut apprendre à manier, et sa famille eut l'intelligence de ne pas lui en tenir longtemps rigueur.

De l'étude des sciences positives et de cette première direction vers la carrière militaire, Amédée de Noé garda deux éléments caractéristiques : une rectitude de jugement, un besoin de naturel et de vérité qui l'aidèrent à discerner, avec une étonnante vivacité, cette disproportion, ce défaut de mesure dans les idées et dans les choses que la caricature signale en les accentuant; puis, une sympathie profonde, une sorte d'admiration naïve, instinctive, pour le soldat, pour le *pioupiou* français, à ce point qu'il lui arrivait parfois de se détourner de son chemin, sans y prendre garde, pour accompagner, en marquant le pas non moins qu'un gamin de Paris, les régiments qui passaient...

Ce fut probablement aussi son goût pour les « militaires » qui lui fit tout d'abord choisir l'atelier de Paul Delaroche ; il voulait être peintre de batailles, peintre d'histoire... Par bonheur, une telle fantaisie ne persista pas longtemps. Cependant, lorsqu'il devint, par la suite, élève de Charlet, les soldats, les grenadiers et les grognards de l'ancienne garde furent encore et malgré tout ses modèles préférés.

La facture de Cham est assurément très personnelle, et rien n'est plus facile que de reconnaître, à première vue, ses moindres croquis. Pourtant l'influence des leçons de Charlet y est manifeste, surtout dans son système d'indication, par larges plans nettement déterminés, des ombres et des lumières : cette manière de procéder donnait à ses dessins une certaine vigueur et compensait ce qu'ils pouvaient avoir d'un peu lâché par ailleurs. La trace de ses études sérieuses apparaît également dans sa façon de camper ses personnages, dans la variété, dans la justesse des attitudes qu'il savait leur donner dès le premier jet; et ses simples croquis, fougueusement sabrés à coups de plume, comme si la main avait peine à suivre l'entraînement de la verve, nous sont les meilleurs documents de sa sûreté de métier et de sa facilité.

Bien curieux, en effet, ces croquis de Cham. Quelle variété dans l'invention et dans la mimique ! Comme il s'entendait à noter, du premier coup, le trait caractéristique ! Comme il accentuait plaisamment le geste, la tournure, l'expression de la physionomie ! Comme il possédait ce don si rare du vrai comique !... Non, on ne retrouvera plus tant de finesse d'observation unie à tant de bonne humeur, tant de naturel uni à tant de fantaisie, ni ces merveilleuses légendes, ni cet à-propos surprenant et tout cet irrésistible ensemble...

En sortant de l'atelier de Charlet, Cham passa, pour quelque temps, dans celui d'Eugène Lamy ; c'est apparemment à cette circonstance que nous avons dû un Cham aquarelliste et, qui mieux est, un Cham éventailliste.

Ce n'est pas trop dire que d'affirmer qu'il est peu connu sous ce dernier aspect... Si invraisemblable que la chose puisse paraître, nous avons vu, nous avons tenu entre nos mains un éventail peint par Cham, un éventail Louis XV ! La pièce en question est-elle unique dans l'œuvre du grand maître ès-joyeusetés ? Le malheureux caricaturiste n'a-t-il à son actif que cette unique équipée à travers un genre dans lequel le nommé Watteau semble, à divers points de vue, lui demeurer supérieur ? Nous n'oserions pas le certifier : il est rare, en effet, qu'un criminel auquel l'impunité paraît assurée ne continue pas la série... Quoi qu'il en soit, cet éventail, peint très crânement à l'aquarelle avec quelques rehauts de gouache, représentait un gros financier, à genoux et un sac d'écus à la main, implorant la clémence d'un petit Amour, qui venait traîtreusement de lui décocher sa flèche la plus acérée. Le motif était ingénieux et amusant, mais d'un gracieux très relatif, comme décoration d'éventail, et la couleur dans laquelle il était traité ajoutait encore par elle-même aux gaietés si communicatives et aux caprices de facture du croquis. L'Amour (un Éros de Cham !), malgré qu'il fût d'un nu absolument classique, ne différait guère des affreux gavroches aux cheveux si étonnamment emmêlés que l'artiste affectionnait particulièrement ; mais la perruque de celui-ci était, en outre, d'un jaune spécial, presque vert jaune, et la coloration rubiconde du visage complétait l'harmonie du sujet, avec une désinvolture qui avait toutes les apparences d'une parfaite mystification...

Cham avait environ vingt ans lorsqu'il porta à Philippon ses premiers essais, qui furent aussitôt acceptés et parurent dans *le Journal pour rire* ; une amusante *Légende du Juif-Errant* vint ensuite. Les divers albums qu'il publia pendant les huit années d'après, contribuèrent à répandre son nom peu à peu et furent accueillis avec faveur ; mais le commencement de ses succès marquants ne date guère que de 1848.

Lorsque la Révolution éclata, il se sentit piqué au jeu. Les utopies, les systèmes extravagants, les fantoches et les grotesques qui se produisirent au jour en ces temps agités, appelaient tout naturellement la satire ; d'autre part, la politique et les hommes nouveaux absorbaient exclusivement l'attention publique. On vit donc pour la première fois le crayon de Cham s'attaquer, si l'on peut ainsi parler, à la politique et aux personnalités. Cette tentative ne fut pas de longue durée, et l'artiste ne la renouvela pas. Elle avait cependant été couronnée par une réussite complète, et le souvenir en est consacré par un véritable monument : *l'Assemblée nationale de 1848*, en collaboration avec Lireux, pour le texte.

C'était alors le beau temps, un temps de splendeur unique, où se fonda le grand succès du journal *le Charivari* ; c'était le temps où Daumier et Gavarni régnaient en maîtres, et quels maîtres !

Ici, nous risquerions fort, en nous étendant, de rééditer plusieurs remarques déjà faites. Mais comment ne pas mentionner au moins ces deux grands noms, dans un travail, si modeste qu'il soit, sur cet autre maître de la caricature française, qui complète ce trio de merveilleux talents, tous trois hors de pair, tous trois si complètement personnels, et si complètement différents entre eux ?

Cham, on doit le reconnaître, n'a pas l'habileté, la science, l'élégance de Gavarni, qui fut un dessinateur sans rival ; il n'a pas sa profondeur d'observation et sa portée, mais il n'a pas non plus son amertume dédaigneuse, sa misanthropie, sa philosophie pessimiste. Il n'a pas la couleur, l'ampleur, la puissance de Daumier, ce Michel-Ange de la caricature, ainsi qu'on l'a nommé, qui poussa jusqu'au grandiose l'exagération de la laideur ; mais il n'a pas non plus sa tristesse et son âpreté parfois haineuse.

Il l'emporte sur ses deux émules par son esprit, pétillant comme les vins de France, par son brio, par sa verve, par sa fantaisie, par sa légèreté, par sa bonté ; son allure est plus vive, plus naturelle et plus aimable que la leur. Il a particulièrement la supériorité de la légende sur Daumier, qui, d'ailleurs, n'écrivait pas la plupart des siennes...

Toujours égal à lui-même, quoique toujours prodigue, tel se montre Cham à chaque période de sa longue carrière. C'est toujours Cham, mais un Cham toujours nouveau, que l'on retrouve dans chacune de ces innombrables *Revues Comiques* qu'il a semées un peu partout. Il avait créé ce genre qui fut son triomphe; il en restera le maître incontesté.

Les sujets les plus divers, et parfois les plus brûlants, furent successivement effleurés par son crayon. Son bon sens exquis discernait, à première vue, le côté faible des hommes et des choses; aussi était-il une vraie puissance en un pays où mortelle est la raillerie... Avec quelle discrétion, quelle indépendance, quelle absence de tout fiel, de toute perfidie, de toute haine, il mit en relief nos gros ridicules et nos petites misères, on peut s'en rendre compte en parcourant la collection de ses *Revues Comiques*, aux époques les plus troublées que traversa notre génération : la mémoire du caricaturiste ne peut souhaiter un plus magnifique éloge que celui qui se dégage de l'œuvre de toute sa vie.

C'est ainsi, c'est par cette franchise et cette honnêteté de son talent, que se trouve expliqué ce phénomène : Cham « réactionnaire » de naissance, d'éducation, de goûts et d'idées, occupant, sans interruption durant plus de trente années, la première place dans les colonnes du républicain *Charivari*, tout en conservant son indépendance absolue et sa liberté d'allures...

Si l'on envisage l'ensemble de sa carrière artistique, elle nous paraît comporter trois phases et comme trois manières, dont chacune se rapporterait aux différents procédés qu'il employa. Peut-être même le procédé entre-t-il pour la plus grande part dans cette diversité quelque peu superficielle, car, en réalité, Cham est toujours demeuré par son « faire » un dessinateur de l'école de 1830.

Cependant, tant qu'il crayonna directement sur la pierre lithographique, sa touche, qui visait à la couleur, demeura grasse, poussée au noir et un peu lourde, ainsi que, par exemple, dans l'un de ses plus réjouissants albums : *la Physiologie du collégien*, suivie de *la Physiologie du calicot*.

Dans ses dessins sur bois il se souvient des conseils de Charlet, et il les met en pratique, principalement pour l'indication des plans et des ombres; l'ensemble de ces petites compositions, d'un aspect si connu, est surtout d'une parfaite clarté, quoique d'un ton un peu gris.

Enfin, c'est le croquis à la plume qu'il adopta pendant ses dernières années, et qui lui permit de déployer plus librement que jamais sa verve, plus que jamais exubérante. Peut-être alors se permit-il, de temps à autre, une façon de gribouillage assez fantasque, mais l'effet comique du dessin n'en était pas amoindri, bien au contraire.

Si l'on considère sous un autre point de vue l'œuvre de Cham, on s'aperçoit qu'il n'a pas créé de types, à proprement parler. Son talent n'était pas assez calme, assez rassis pour cela. Il se contenta donc de s'en approprier un certain nombre qu'il compléta et qu'il popularisa.

Henri Monnier, écrivain et dessinateur, excella dans l'art de fixer, avec la plus stupéfiante exactitude, mais sans les marquer d'aucune empreinte personnelle et artistique, les physionomies bourgeoises et populaires. Cham lui emprunta Joseph Prudhomme, dont il ne modifia guère le physique, mais dont il grossit singulièrement le bagage de gongorismes et d'apophtegmes. Il lui prit aussi, plus ou moins, Mme Gibou, M. Desjardins, Mme Pochet, voire Jean Hiroux. C'étaient, en effet, autant de figures, esquissées avec précision, qui s'offraient tout naturellement au caricaturiste, comme boucs émissaires de ses malices, comme prétextes à ses traits d'esprit, à ses fines observations sur les mœurs.

On a remarqué qu'un acteur comique ne produit tout son effet sur le public qu'au bout d'un certain nombre d'années, c'est-à-dire lorsqu'il est bien connu de chaque spectateur : non pas, le plus souvent, que son talent ait beaucoup grandi avec le temps; mais il semble que sa drôlerie présente s'augmente en proportion des souvenirs laissés par sa drôlerie passée.... Ainsi doit-il en être également pour le caricaturiste : or, les personnages de Cham n'avaient pas tardé à devenir de vieilles connaissances pour tout le monde, grâce à sa prodigieuse fécondité.

Certes, ils nous étaient familiers, ces types d'un si joyeux aspect, qui sont restés dans la mémoire de tous : le commissionnaire auvergnat, avec sa bonne et niaise figure fendue par un large rire, véritable cauchemar des rapins dont il porte les tableaux au Salon; — le vieux savant, aux habits, au chapeau, à la coiffure non moins surannés et non moins ratatinés que sa maigre personne; — le collégien de dix ans, bouffi, mal peigné, mal habillé, le nez retroussé vers la visière d'un képi crânement posé, dédaigneux, cynique, fumant des cigares gros comme lui, se battant en duel, jouant à la Bourse, sablant le champagne, et refusant, en sa qualité de libre penseur, de s'associer au banquet de la Saint-Charlemagne; — le jockey étique et le pur sang diaphane, tout glorieux de l'étonnant résultat produit par un entraînement spécial et soigné; — l'Anglais efflanqué et flegmatique, aux vastes pieds, aux osanores formidables, sanglé par la courroie de sa longue-vue, armé de son parapluie et surmonté de son petit chapeau melon; — le gavroche malin et canaille, à la blouse en dents de scie, à la casquette informe et aux gestes pittoresques; — le socialiste farouche, barbu, hirsute et débraillé, une pipe écourtée au coin des lèvres, un affreux *sombrero* sur la chevelure en désordre : le Jean Hiroux de Cham, un gavroche grandi qui a mal tourné; — le chiffonnier philosophe, un Vireloque presque sympathique; — les vieilles commères à lunettes, à cabas, à capotes, à châles tartans et à profils de casse-noisettes, traînant leurs petits chiens gras et sales; — le garçon de café impassible entre le patron et le client; — l'artiste incompris, peintre ou sculpteur, à longs cheveux en branches de saule-pleureur, ultra-vaniteux et déplorable camarade; — l'invalide édenté et bedonnant, coiffé du bicorne, orné d'une jambe de bois, et s'appuyant sur une canne, de la seule main que Bellone lui ait laissée; — messire Carême, ce grand personnage d'une sécheresse invraisemblable, coiffé d'un coquetier et portant une couple de harengs suspendus au bout d'une hampe; — le domestique de riche maison en perruque à canons poudrée, en éclatante livrée, en culotte courte, très digne, ayant d'ailleurs sa fierté à lui, ses exigences et son opinion arrêtée à l'égard de ses maîtres; — le chasseur toujours bredouille, malgré son chien qui le désespère et les averses qu'il subit, malgré sa carnassière et ses guêtres; — le petit pioupiou français, tant aimé de Cham, et cette légion de caporaux, sous-officiers et généraux, tous si contents d'être soldats, tous si glorieux de leur uniforme, tous si bons enfants et si braves militaires; — et puis ces trois personnages de bal masqué : le bébé cherchant un père nourricier; le chicard subventionné, en culotte collante, gants à crispins, bottes à revers, chemise de soie, casque à plumet; et le gentil débardeur décolleté, un peu trop persistant en dépit de la mode; — et puis les concierges et leurs *épouses*; le rural narquois et naïf, en bonnet de coton, en gros sabots; le député et la femme de député; le sergent de ville dévoué, mais un peu bête; et puis la kyrielle des fashionnables, des lions, des dandys, des petits crevés, des gommeux, des bobonnes, des gardes-champêtres, des baigneurs, des cosaques, des gardiens de musées, des demoiselles de magasin, etc., etc. — L'énumération deviendrait interminable.

Nous avons déjà parlé de la sympathie que professait Cham à l'égard des animaux, et, en particulier, à l'égard des chiens. On ne s'étonnera donc pas qu'ils occupent, dans son œuvre, une large place. Le lapin, nous devrions même dire un lapin, car c'était toujours le même, revient périodiquement sous son crayon, chaque fois plus amusant et plus gouailleur, et ce n'est certes pas le chasseur qui a le beau rôle avec lui!

Enfin, il nous suffira de faire remarquer, comme participant à l'effet comique des dessins de Cham, la série de ses accessoires qui n'étaient pas moins familiers aux regards de chacun que ses divers personnages : la cheminée à lambrequin, surmontée de l'inévitable pendule, la rue en enfilade, la loge de portier avec l'inscription de rigueur, la tribune de la Chambre, le bouquet d'arbres.... Ils n'ont jamais changé.

Pourtant, Cham ne resta pas stationnaire : il observait fort les changements de la mode, qui lui fournissaient souvent matière à satire et à bons mots ; il ne fut pas seulement le dessinateur d'une période restreinte, ainsi que Granville et Bertall. On pourra d'ailleurs se convaincre de la souplesse avec laquelle il sut s'assimiler la physionomie particulière de chacune des époques qu'il traversa, en feuilletant l'album auquel ces pages servent d'introduction, et qui, en même temps qu'un amusement, présente une sorte d'intérêt historique et rétrospectif.

Depuis 1848, ce ne fut guère qu'en passant, et comme par hasard, que Cham crayonna des portraits. Doit-on attribuer cette abstention à la disette de personnalités, de figures marquantes, qui se faisait chaque jour plus grande, ou bien seulement à quelque disposition naturelle de son esprit ? L'une et l'autre de ces raisons y doit entrer pour une certaine part ; et puis, il n'était pas de ceux-là qui ne reculent ni devant la calomnie ni devant le scandale pour se procurer cette notoriété éphémère qu'ils se sentent incapables de conquérir par le talent. Les deux Dumas, Victorien Sardou, Offenbach, Garnier et quelques autres, ne cessèrent pas, cependant, d'apparaître, à courts intervalles, dans ses *Semaines comiques*. Il avait attribué à chacun d'eux une silhouette bien amusante, d'une ressemblance assez douteuse, mais reconnaissable à première vue, par suite d'une sorte de convention tacite et de l'exagération d'un détail caractéristique de chaque physionomie : le teint de mulâtre et les fortes lèvres de Dumas père ; l'œil allongé et la chevelure floconneuse de Dumas fils ; le profil césarien, la maigreur, les cheveux plats de Sardou ; le nez de perroquet, le menton en galoche et les favoris d'Offenbach ; la perruque broussailleuse de Garnier...

Ainsi poursuivit-il son œuvre de bonne humeur et de bon sens, frondant sans méchanceté les travers de son temps ; ainsi avançait-il dans la vie, vieillissant de corps, mais non d'esprit, entouré d'amitiés profondes et de sympathies unanimes... Entre temps, il avait essayé du théâtre, car le théâtre fut toujours sa grande passion. On a beaucoup parlé de deux amusants vaudevilles : le *Myosotis*, interprété, au Palais-Royal, par Gil-Pérez et Brasseur ; le *Serpent à plumes*, qui fut joué aux Bouffes, et dont Léo Delibes écrivit la musique. On semble, en revanche, avoir totalement oublié une pantomime représentée aux Folies-Nouvelles, sous ce titre original et énigmatique : *Pierrot-quaker*, et nous regrettons, pour notre part, de n'avoir pu retrouver aucun document précis sur cette curieuse fantaisie.

L'espace nécessaire nous manque pour reproduire ici quelques anecdotes qui auraient précisé certains traits de la physionomie que nous avons tenté d'esquisser. Nous sommes donc au bout de notre tâche incomplète, et nous ne pouvons nous empêcher de la terminer en exprimant un dernier regret : — La caricature disparaît... Les abus, les attaques, les violences, les calomnies, les inconvenances, auxquelles elle a servi de prétexte, lui ont porté une bien rude atteinte, et la délicatesse du goût public s'est fort émoussée à la longue... Peut-être, cependant, ressentons-nous encore trop vivement une impression semblable à celle du spectateur qui, ayant assisté à la création d'une pièce par des acteurs de premier ordre, ne peut supporter qu'on leur compare les artistes de la reprise, et nous souhaitons fort de nous tromper dans notre appréciation... Quoi qu'il en soit, en associant dans un dernier hommage ce grand humoriste, cet homme bon et spirituel par excellence qui fut Cham et ses deux illustres rivaux, ce n'est pas sans une certaine mélancolie que nous nous répétons tout bas les derniers vers, un peu modifiés, de l'épitaphe que La Fontaine composa pour la tombe de Molière :

> . . . Ils sont partis et j'ai peu d'espérance
> De les revoir : malgré tous nos efforts,
> Pour un long temps, selon toute apparence,
> Cham, et Daumier, et Gavarni sont morts !...

GÉROME.

DE TOUT

ET

PARTOUT

DE TOUT & PARTOUT

— C'est vous qui avez fait le dîner des avocats de Londres ? que leur avez-vous donné ?
— Dam ! des avocats ! je leur ai donné de la langue.

— Mais écoutez-moi donc, garçon ! au lieu de vous boucher les oreilles.
— Monsieur, j'ai servi le dîner donné à M. Berryer par les avocats de Londres ; ils ont tant bavardé, qu'ils m'ont dégoûté de la parole à tout jamais.

— On nous insulte et vous ne dites rien !...
— Madame, leurs invectives n'atteindront jamais la grosseur de mon dédain !

Les ambassadeurs chinois sachant se faire respecter de leur coiffeur, en se tenant à distance.

— Grand Dieu ! Un monsieur qui embrasse ma femme !
— Mon ami, c'est au profit des pauvres.

— Comment, vous voilà encore ? Mais, avec la dernière vente au profit des pauvres, vous devriez avoir voiture !

Les cochers de fiacre se faisant cajoler par les bourgeois qui espèrent se faire conduire à prix réduit.

C'est drôle ! on parle de ces aiguilles qui font tant de ravages sur le théâtre de la guerre, et je n'y vois que des épingles.

Ce farceur de Neptune voyant arriver de nouveau le câble transatlantique dans ses États.

Plusieurs dentistes, munis de costumes de plongeurs, descendent au fond de la mer, limer les dents des requins et les mettre dans l'impossibilité de couper le câble transatlantique.

— Monsieur, j'ai appris que vous aviez besoin d'un caissier.
— Oui, mon ami ; mais vous avez les jambes trop longues : on ne pourrait plus vous rattraper.

— J'ai été caissier en Amérique.
— Très bien, vous avez emporté la caisse, et vous ne pouvez plus, par conséquent, y retourner. C'est une garantie : je vous prends pour mon caissier.

NOUVELLE CAISSE DE SURETÉ.
Elle conserve les valeurs et le caissier, tous deux sous la même clef.

— Ma chère amie, ne nous abonnons pas à ce journal. Voilà trois mois que la rédaction n'a eu de duel : il va passer de mode.

— Monsieur, voilà vingt ans que je suis dans le journalisme.
— Vingt ans ! Vous êtes donc bien fort aux armes que vos collègues vous ont laissé vivre si longtemps?

— Mon cher, tu devrais surveiller ta femme.
— Inutile ! grâce aux chroniqueurs d'aujourd'hui, si elle faisait ses farces, je le verrais bien dans mon journal.

— Je suis un pauvre pèlerin !
— Allons donc ! Vous êtes très riche pour avoir le moyen de porter des huîtres sur votre pèlerine.

— Garçon, une douzaine d'huîtres.
— C'est monsieur le baron de Rothschild que j'ai l'honneur de servir ?

— La Bourse a baissé ?
— On a tiré sur Rothschild.
— Pour combien ?

— Ma femme avec une cuirasse ???
— Dam ! s'il te prenait fantaisie de m'assassiner ! tu es mon mari : aujourd'hui faut prendre ses précautions.

Le seul compartiment où l'on soit en sûreté.
Voyager avec les bagages. Les colis n'assassinent pas !

— Ah ! mon ami, s'être joué ainsi de mes illusions ! un faux-col !

— N'y a plus de souverains ! Vous ne pourriez pas vous en procurer un petit quelque part ? Ma femme et moi, nous sommes encore à Paris pour quelques jours.

— Voici dix centimes pour la statue qu'élève votre journal.
— Vous savez le nom du grand homme ?
— C'est inutile... L'essentiel est qu'on sache le mien : Chapotard, parfumeur, tient tous les assortiments de teinture, etc... Vous en mettrez la valeur de vingt lignes.

— Pourquoi que t'as pas choisi la timbale ?
— Les verres vides me font horreur.

L'artificier ayant vainement sollicité de faire sauter l'Arc de Triomphe pour donner plus de corps à son bouquet. Il répondait pourtant de son effet.

LE CHEMIN DE FER DES CHARENTES.
— De quel train descendez-vous ?
— Vous le voyez bien ; j'arrive de Cognac.

Cantonnier sur la ligne de Cognac.

— Les allées de châtaigniers qui se vendent 27,000 francs ! Et moi qui ai la bêtise de ne vendre que des marrons !

— Vous êtes donc bien pressé ?
— Je me dépêche de rentrer ! Je suis un homme marié : depuis la pièce de *Paul Forestier*, je n'aime pas que minuit sonne chez moi quand je n'y suis pas.

— Vous vous êtes occupé de moi dans votre journal !
— Rien de la vie privée.
— Toute ma vie est privée ! Je vis de privations.

— Docteur, ne craignez pas de me retenir. Je désire manquer le train de Méry-sur-Oise.

— Mon locataire du second qui est décoré ! Cela donne du relief à ma maison ; je vais augmenter tous mes locataires !

— Imbécile ! Vous prendre votre foulard ! Plus souvent, pour me salir les mains ! Quand on a eu l'honneur de travailler à Vincennes sur de l'artillerie !

Le pince-nez devenant indispensable aux fumeurs des nouveaux londrès de la régie.

Les cochers préférant les chevaux qui prennent le mors aux dents depuis qu'ils ont des compteurs.

— Mais où vas-tu donc? C'est pas par là la portière!
— Mon ami, c'est un fiacre à aiguille, ça doit se charger par la culasse.

INCONVÉNIENT DU COMPTEUR.
— Cocher! cocher! arrêtez! Cette aiguille du compteur qui tourne toujours! Mon Dieu, que je me sens donc mal au cœur!

— Nous ne sommes donc pas dans la mobile?

— Mon ami, tu devrais te soigner.
— Il n'y a pas de danger dans ce moment-ci! Je ne suis pas une célébrité.

— Madame, j'habite Pantin.
— Pantin? Au voleur! à l'assassin! Ne m'approchez pas, misérable!

Recette pour que les cheveux ne vous tombent pas sur les yeux : lire les faits divers dans les journaux.

— Madame, vous avez un ratier?
— Il vous sent! Il va me dire tout de suite si vous êtes un rat.

— Madame, l'employé qui tient ce rayon est à l'armée.
— Je vais l'attendre. Je ne veux pas qu'un autre le remplace.

AU MOMENT D'UN EMPRUNT.
— Madame, prêtez-moi votre costume!

— Chasser l'étranger? T'es bon enfant! fais-moi des rentes alors!

EXTINCTION DU PAUPÉRISME.
— Mendier? Merci, j'en veux plus! Rien que du papier.

— Qui t'a mis l'œil dans c't état?
— Un commerçant auquel j'ai proposé un billet de 20 francs.

— Je t'achète un des diamants de la couronne et tu n'es pas contente!
— J'espérais la couronne.

— Du moment que nous payons tous deux les dix francs, madame la comtesse ne devrait pas avoir de préférences.

— Madame, je vous demande la main de votre fille.
— Vous n'inventez pas de canon?

La ville de Paris met la caserne Napoléon à la disposition du chef mormon et de ses épouses.

— Votre chien vient de me mordre !
— Plaignez-vous donc ! Un chien qui a une médaille ! cela n'arrive pas à tout le monde.

— Misérable ! t'aimes donc pas tes parents ?
— Pour quoi faire ? Ça ferait plaisir au bon Dieu, et j'en veux plus.

— Polisson ! où avez-vous passé votre journée ?
— Maman, je suis allé chez une cocotte ; j'ai voulu voir !

— Monsieur vient dîner ?
— Il n'y a pas de commis de nouveautés ? Vous savez, je suis une belle fourchette !

Projet d'une station de caniches pour reconduire les personnes aveuglées par les éblouissements du nouvel Opéra.

TRAITÉ POSTAL FRANCO-SUISSE.
Les facteurs français monteront les lettres pour les facteurs suisses, quand ceux-ci se trouveront trop fatigués.

PHOTOGRAPHIE SPIRITE
— Le spectre de mon grand-père ? Mais il n'est pas mort !
— Êtes-vous sûr, monsieur, qu'il ne soit jamais mort... au whist ?

— Ne bougeons plus !

Il était si facile à M. Tin-Tun-Ling de s'attacher sa seconde femme.

— Je reviens du concours hippique ! J'y ai vu un cheval qui avait une bien jolie robe !
— Et tu ne lui as pas demandé, pour moi, l'adresse de sa couturière ?

— Monsieur le député, voici le plan du Sénat que j'ai à vous soumettre.
— Il ne me paraît pas terminé ! je n'aperçois pas le verre d'eau sucrée ?

— Et dire que, dans la voiture, il y a peut-être plusieurs membres de la Société protectrice des animaux !

— Mon ami, quand me mènes-tu à l'Opéra ?
— Tu vois bien que l'avenue est impraticable.

LE TERME D'OCTOBRE.
— Vous avez un appartement à louer ?
— Oui, monsieur ; avec écurie.
— C'est trop pour moi !
— L'écurie suffirait ?

PENDANT UNE EXPOSITION A LA MORGUE.
— Monsieur, j'observe la façon dont vous découpez votre bifteck. Vous allez me suivre chez le commissaire de police !

— Il est superbe votre petit garçon ! Comment l'appelez-vous ?
— A cause du succès du jour, je l'appelle Paul et Virginie.

— C'est-y qu'on vous habille comme ça pour faire croire au chien que vous êtes son parent ?

— Voyons donc, Sire ! nous ne voulons donc pas plaire aux dames ?

LES OMNIBUS-ANNONCES.
N'admettre, sur l'impériale des omnibus-annonces, que les voyageurs qui se coiffent de cartonnages pendant le trajet.

OU EST LE CHAT?
Recette pour le faire sortir.

Une ombrelle le soir pour traverser la place de l'Opéra.

AVEUGLEMENT DE LA PLACE DE L'OPÉRA.
Éclairage électrique fondé par une société d'oculistes sans ouvrage.

LES ENLAIDISSEMENTS DU PONT DE LA CONCORDE.
En v'là une idée! Des boulets sur un pont de la Concorde.

— Cocher
— Pas étranger? Quel aplomb!

DE TOUT ET PARTOUT

— Madame, ce n'est plus un métier que le nôtre! aussi je ne me gare plus des tramways! Autant en finir!

EN VACANCES.
— Il pose des conditions pour jouer avec toi ?
— Il veut que je lui paye un londrès.

— Tu as fait des arrêts pendant tes 28 jours?
— Oui; heureusement, mon régiment était à Épernay! Les arrêts n'y sont que de vingt minutes.

— On a dégrevé la chicorée!
— Ah! tant mieux! Faut espérer que ces canailles d'épiciers ne la falsifieront plus en mettant du café dedans.

— Monsieur me paraît enrhumé? Monsieur me permettra de lui offrir une boîte de pastilles de gomme ?

— File! Stationne pas devant mon magasin!
— Va donc te cacher! Médaille de bronze.

QUEL CHANGEMENT !
— Garçon, l'addition !
— Que monsieur la fasse lui-même comme il l'entendra.

SOUVENIRS ET REGRETS.

SUR LE BOULEVARD.
— Madame veut-elle m'acheter un polichinelle ?
— Laissez-moi tranquille ; je n'ai besoin de rien !
— Oh ! pardon ! Je n'avais pas remarqué Monsieur !

— On parle de nous rendre le bœuf gras !
— Ah ! mon Dieu ! Encore une porte ouverte aux ambitieux !

« Paris, la ville enchanteresse. »
(Une vieille chanson de Nadaud.)

LA REINE DES BLANCHISSEUSES.
— Majesté ! tâchez donc, sous votre gouvernement que les boutons de chemise soient inamovibles !

UN PEU

D'INSTRUCTION

UN PEU D'INSTRUCTION

— Je braconne! Je vous en conjure, mettez-moi en prison! Demain, il serait trop tard: on me ramène en pension.

— On va t'apprendre le grec moderne! Je ne veux pas de ça! T'enseigner le baccara et la bouillotte! Quelle abomination!

« Rendez les enfants à leurs mères, » dit la romance. Au bout de deux mois de vacances, elles préfèrent encore les rendre à leur proviseur.

LA RENTRÉE EN PENSION.
— Soyez sans inquiétude sur l'éducation de monsieur votre fils. Je vous le rendrai tel que je l'ai reçu.

UN PEU D'INSTRUCTION

— D'après le nouveau décret, le collège va faire changer d'air à otre fils.

— L'instruction deviendrait-elle aussi générale, que tous les petits mendiants sont en collégiens?

LA RENTRÉE DES CLASSES.
— M'man, allons-nous-en bien vite! Voilà une mouche qui vient d'attraper le choléra sur la porte du collège.

Les élèves renvoyés préparant leurs examens sur le trottoir.

— Ma chère, on n'a pas idée de la naïveté et de la crédulité de c't enfant. Je crois que nous en ferons un savant.

— Je ne veux pas que tu en fasses, du grec! Tu n'aurais qu'à arrêter aussi des voyageurs, toi!

UN PEU D'INSTRUCTION

— Polisson! Je vous fais un cours de géographie et vous n'écoutez seulement pas!
— Pas la peine, la question d'Orient va remanier la carte!

— Monsieur le censeur, cet enfant ne veut rien faire!
— Son père est député!
— C'est de naissance, alors.

CLASSE DE 6me.
— Polisson! regardez-moi en face
— Non monsieur; le dessin est devenu obligatoire: votre tête me dégoûterait d'en dessiner.

— Un prix à votre fils? il persiste à ne rien faire!
— Eh bien! donnez-lui le prix de persévérance.

L'abus de la lecture à haute voix déformant la bouche des collégiens.

— L'instruction obligatoire à Belleville.

UN PEU D'INSTRUCTION

— Prix de sagesse ! l'élève Grelindo.
— Hue donc ! cafard !

PRIX DE MÉMOIRE.
— C'est mon prix ? Je le reconnais ! un livre que vous m'avez confisqué il y a deux ans !

— Mon ami, je t'en prie, quitte la salle ! Un discours en latin de cette chaleur-là ! toi qui as une tendance à l'apoplexie !

— Prix de dessin, l'élève Crapouillot !
— M'sieu, il va venir ! il est en train de dessiner votre caricature.

— Prix de gymnastique, l'élève Chaputard !
— Voilà, m'sieu, voilà !

Dans le but d'attirer les collégiens, le club Alpin dépose un prix sur le sommet du mont Blanc.

UN PEU D'INSTRUCTION

LES PAIX.
— Voyons, mon enfant, sois raisonnable ! Quitte-les pour dormir.

— Qu'est-ce qu'il y a de nouveau ?
— Je ne sais rien.
— Vous ne savez rien ? Je vous arrête ! L'instruction est obligatoire.

— Que savez-vous sur Charlemagne ?
— C'était un saint qui servait des déjeuners.

— Mais, papa, je n'en jouis pas de la Saint-Charlemagne : je ne contiens pas assez. Je voudrais être comme ce monsieur.
— Mon enfant : ce serait la ruine de l'enseignement.

— Comment ! vous, le grand Charlemagne ! Qu'avez-vous fait de vos *Capitulaires* ?
— Je viens de m'en servir pour les côtelettes en papillottes.

— Dis donc, mon cher ? Charlemagne bien supérieur à Henri IV. L'un ne vous donnait que la poule au pot, tandis que l'autre vous paye des dindes truffées.

UN PEU D'INSTRUCTION

— Mon ami, je t'en prie, contiens-toi ! Ce n'est pas sa faute à c't homme, s'il fait un discours latin : il y est forcé par l'autorité.

— Prix de sagesse, l'élève Chipotard ! Mon ami, qu'avez-vous donc dans l'œil ?
— C'est hier, en me battant avec Lapincheux, qui prétendait que je n'aurais pas le prix.

LE JEUNE TOTO, *affolé de terreur.* — Maman ! je t'en supplie, emmène-moi ! Voici dix mille instituteurs qui arrivent à Paris !

— Mon ami, ne causons pas à l'Exposition. Nous n'aurions qu'à faire une faute de français : nous aurions les dix mille instituteurs primaires sur le dos.

— La bourse ou la vie !
— Je ne suis qu'un pauvre instituteur primaire ! Je ne puis que vous donner l'instruction gratuite.

— Polisson ! qu'est-ce qui vous fait sourire ?
— M'sieu, la pensée que bientôt nous allons nous séparer.

UN PEU D'INSTRUCTION

LE DESSIN OBLIGATOIRE.
— Charles, as-tu bientôt fini ? J'ai des crampes !
— Allons, papa, plus qu'une demi-heure !

— Mon ami, je vois avec plaisir que vous ne faites plus de bonshommes sur vos cahiers.
— Parce que le dessin est devenu obligatoire !

PRÉOCCUPATION GÉNÉRALE.
— Polisson ! songez donc à la leçon ! .
— Impossible, m'sieu ! J'ai l'esprit à la Chambre !

Les professeurs ayant le moyen, maintenant qu'on les a augmentés, d'ajouter des volants à leur robe.

— Eh bien ! Charles, nous voilà arrivés. Où cours-tu donc ?
— Je n'ai pas vu les dernières acquisitions du Louvre !

LE NOUVEAU RÈGLEMENT UNIVERSITAIRE.
Les lycéens disséminés, les uns aux Pyrénées, les autres à Nice, suivant leur état de santé, les professeurs leur feront la classe par la télégraphie électrique.

MUSIQUE

MUSIQUE

Premier prix de piano, Mlle Barbanchu.
Ce sont les malheureux qui écoutent qui devraient avoir la récompense.

— Ne faites pas attention ! Je suis musicien : j'ai voulu voir si la sonnette d'alarme était au nouveau diapason.

— Vous savez ? la musique est défendue dans la cavalerie.
— Major, c'est du Wagner.
— C'est différent, vous pouvez continuer.

Je préfère encore cela aux pianos. Mieux vaut devenir sourd que devenir imbécile.

MUSIQUE

Le commissaire de l'Exposition chinoise ayant l'intention d'emporter un piano, comme instrument de supplice bien supérieur à ceux connus dans son pays.

Bien incommode pour lui accrocher sa médaille.

CONCOURS DES MUSIQUES MILITAIRES EUROPÉENNES.
La France en face de l'étranger.

CERCLE INTERNATIONAL.
La buraliste et les ouvreuses elles-mêmes subissent l'influence des polkas enivrantes de M. Strauss.

LA MUSIQUE-CANON.
— Faites bien attention à ce passage. Votre canon doit tirer *piano, piano!* Vous placerez votre main devant le canon pour amortir le son.

Les musiciens travaillant désormais à leurs pièces comme les ébénistes.

MUSIQUE

PANIQUE DANS PARIS.
L'Exposition fermée, tous les pianistes qui vont se répandre en ville! Où fuir?

— Tâchez de jouer juste; sinon je vous dénonce pour faux bruits.

— Tu te mets du coton dans les oreilles?
— Je crois bien! Wagner est dans nos murs.

— Ça ne suffit pas votre passeport! Faut que vous me disiez maintenant ce que vous pensez de la musique de M. Wagner.

Fleur de thé, PAR CHARLES LECOCQ.
Partition arrangée pour piano et théière.

— Madame, nous ne voulons pas de prix de piano dans la maison, le propriétaire vous donne congé.

MUSIQUE

Apollon réforme son char pour donner dans le progrès.

— Rossini ! l'inventeur de *Guillaume Tell*, une pièce suisse !
— Elle a passé tout de même ?

— J'ai acheté la seringue d'un compositeur musicien.
— Sans la partition ?

— Une horreur ! Je ne peux plus remplir mes devoirs religieux. Faut être riche aujourd'hui pour entendre la messe.

— Faut bien remplacer le piano par autre chose.

Lit-piano pour dérouter le percepteur du nouvel impôt.

MUSIQUE

— Tu mets un crêpe pour aller à l'Opéra-Comique?
— C'est plus convenable, une messe de *Requiem*.

NOUVEL OPÉRA.
Toute personne troublant la représentation sera placée dans une salle à part où on lui jouera du Wagner.

PALAIS DES REPTILES
— Qu'est-ce qu'il siffle?
— Grand Dieu! pourvu que ce ne soit pas un air de *Madame Angot*.

Les fausses notes mises à la raison par une bonne note partie de la préfecture de police.

— Acheter votre musique? Mais vous n'êtes pas encore connu; revenez me trouver après votre centenaire.

AU TROCADÉRO.
— Ils vont faire de la musique de chambre.
— Mon ami, allons-nous-en! je n'aime pas ce qui sent le renfermé.

MUSIQUE

Les fenêtres des dames polies se garnissant d'échelles de soie sur le passage de la *studientina*.

— Encouragés par l'énorme succès de la *studientina*, les étudiants français ne veulent plus passer leur thèse qu'en s'accompagnant de la guitare.

Les professeurs de droit obligés maintenant d'ajouter le *fandango* à leurs cours, pour attirer les élèves.

— Mon ami, notre cuisinière a gagné un piano!
— Ah! tant mieux! Nous l'entendrons quand elle fera danser l'anse du panier.

THÉÂTRE-LYRIQUE D'APPLICATION.
LE RÉGISSEUR. — Il vous a mal chanté ce morceau! Il va vous le recommencer quarante fois de suite pour te punir.

— Le concours de piano qui nécessite le huis-clos! Ma fille, je vous défends de fréquenter un instrument aussi dépravé!

MUSIQUE

Apprendre au prisonnier qu'il peut assommer son monde autrement qu'à coups de trique, et sans déranger les tribunaux.

— Comment! encore? Voilà la trentième fois que vous achetez le *Méli-Mélo* de Mlle Milla!
— Ma femme ne peut en conserver un seul exemplaire! Tous les connaisseurs les lui enlèvent.

— Oui, madame, je vais jouer dans le concert monstre!
— C'est drôle! Vous n'êtes pas beau! Mais, enfin, vous n'êtes pas encore si laid que ça!

CONCERT DU TROCADÉRO.
— Tu n'aimes pas la musique? Aucun air ne te fait plaisir
— Oh! si fait, mon ami! L'air de la mer!

DERNIER CONCERT DU TROCADÉRO.
— C'est drôle! Ça va fermer, et ils jouent une ouverture

Quelle devrait être la tenue du chef d'orchestre pour la musique de chambre.

PLAIDEURS

ET

CHICANIERS

PLAIDEURS & CHICANIERS

TAXE SUR LES CHATS.
as d'inconvénient à crier cela sur les toits, au
aire.

Le bureau des contributions regrettant lui-même l'impôt qu'il a mis sur les chats.

réconciliant, se voyant frappés tous deux par la même
une.

ORDONNANCE DE POLICE.
Art. 12. — Il sera fait exception pour la muselière en faveur des chiens empaillés.

Le Code civil n'ayant pas prévu le mât de Cocagne.
« La femme doit suivre son mari. »

— Ce monsieur qui demeurait chez vous n'a tiré sur personne?
— Faites excuse, il tirait souvent sur son banquier.

Donné en prime par Michel Lévy. Clemenceau supplie la Cour de ne pas le condamner à mort, dans l'intérêt des abonnés de l'*Univers Illustré* auxquels il manquerait.

— L'épicier nous refuse des lampions! Nous croirait-il insolvables?

— Dites donc! Eh, là-bas! est-ce que vous n'avez pas bientôt fini de prendre vos vacances? J'ai envie de sortir aussi, moi.

SOUVENIRS ET REGRETS.
— C'était vers cette heure-ci que nous dînions, tandis qu'aujourd'hui je ne sais pas si je dînerai du tout!

— Tu es bien maigre, mon ami.
— Hélas! on a fermé la maison de Clichy! mes créanciers ne me nourrissent plus.

— En voilà des moustaches! Bien sûr il va me défendre avec un chassepot.

— Il a été condamné
— Et son avocat?

Que des bonnets de coton soient mis à la disposition des juges, pour dormir plus à l'aise pendant les plaidoiries.

UN MÉNAGE PARISIEN.
A propos d'un procès récent. Physionomies diverses.

— Quéque ça te fiche les jeux? T'y as jamais gagné!
— Si fait! trois mois de ponton, à la rouge!

PROCÈS D'ESCROQUERIE.
— Ce dîner, vous l'avez pris?
— Oui, mon président; mais je sens que je vais le rendre. Permettez-moi de sortir.

UNE DÉPOSITION DANS UN PROCÈS CULINAIRE.
— Garçon, levez la main.
— Qu'est-ce que monsieur prendra avec ça?

— Accusé, pourquoi faire ces fausses clefs?
— Mon président, je voulais avoir l'honneur d'ouvrir le nouvel Opéra.

— Sont-ils heureux d'être courus par les belles dames! Ça donne envie de se faire un nom!

— Dites, M'sieu, vous qui êtes avocat, puis-je assommer ce lièvre?
— Je ne veux rien vous dire. Seulement, mes vacances vont finir. Si vous voulez, je plaiderai cela à la rentrée.

— Laissez-moi tranquille! Je connais la loi! Vous n'êtes qu'un agent provocateur.

UN PEU DE MODES

ET

EN CHASSE

UN PEU DE MODES
ET EN CHASSE

— Ma chère, tu n'a plus besoin d'ombrelle! Le sexe faible, maintenant, c'est nous.

— Quel goût, ma chère! Mais il est affreux, ce monsieur!
— Que t'es bête! Ce sont les hommes les plus courus. M. Pipe-en-Bois a mis ces têtes-là à la mode.

Les pieuvres remplaçant les petits chiens havanais.

— Pourquoi que tu y a pas donné un renfoncement à son chapeau?
— Plus moyen! Le chapelier les fournit aujourd'hui tout renfoncés.

UN PEU DE MODES ET EN CHASSE

— Ah! mon ami, quel drôle de chapeau! De loin, je vous avais pris pour ce pauvre Duguesclin.

Les haillons n'inspirant plus la pitié, depuis que, grâce à la grève des tailleurs, les gens riches sont en loques tout comme les pauvres.

— Si elle pouvait donc durer, cette grève des tailleurs! j'aurais bientôt plus d'habits à brosser.

LE BAL DE LA REDOUTE.
— Madame ira au bal des coiffeurs avec les cheveux dans cet état-là?
— Mais puisqu'on nous coiffe devant l'assistance.

— Mon ami, surveille donc tes mollets!

À part. — Le malheureux! Il veut que je l'accompagne à ce bal. Il ne sait pas tout le tort que je vais lui faire sans le vouloir.

— Ne te préoccupe donc pas de tes mollets! Tes jambes ne paraissent pas, elles se confondent, comme grosseur, avec les bougies.

LE DÉPART POUR LE BAL DE L'HOTEL DE VILLE.
— Mon ami, je me décolleterai beaucoup. Cela fait qu'on regardera moins tes mollets.

Dînant chez un ministre ou autre puissant personnage, ne pas exécuter des tours d'adresse en attendant qu'on serve le potage.

Au théâtre, ne pas vous tenir debout sur votre stalle afin de mieux voir le spectacle.

En soirée, si les sièges viennent à manquer, n'allez pas vous asseoir sur les genoux de la maîtresse de la maison.

Ne mettez pas votre cigare dans la bouche d'une dame pour vous assurer si le tabac ne lui ferait pas mal.

UN PEU DE MODES ET EN CHASSE

UN CHASSEUR GRINCHEUX.
— Votre fusil ne partira pas, j'espère?
— Pourquoi pas? Madame part bien!

— Pas de danger que votre fusil parte?
— Avant le train? Non, madame.

— Sapristi! C'est moi que vous avez attrapé.
— Ma foi! écoutez donc! le gibier est si petit et vous êtes si gros! Ça tente!

— Satané lièvre! Si tu étais ministre, comme je te coucherais par terre par un vote.

— Tenez! un perdreau.
— Je suis journaliste, je respecte la plume.

— L malheureux! Il n'aurait pas des oreilles comme ça, si on l'avait envoyé à l'école primaire!

— Veuillez m'excuser un instant! Je suis à vous tout de suite.

— Sapristi! j'ai tout reçu!
— Encore? Mais c'est donc votre jour de réception?

La curiosité attirant, cette année, les lièvres qui viennent s'assurer si les fusils ne seraient pas à aiguille.

— Saperlotte! Il a tant plu dans mon canon de fusil, qu'au lieu de lui envoyer la mort, je lui administre un remède.

Les lapins fêtant avec raison le départ du prince de Galles.

FERMETURE DE LA CHASSE.
— Le voilà tranquille, le lapin! Les hommes vont maintenant se manger entre eux.

UN PEU

DE RÉALISME

UN PEU DE RÉALISME

— Souscrivons-nous pour Jeanne Darc?
— Que t'es bête! Une femme honnête, ça ne nous regarde pas.

LE PROJET DE *la Patrie*.
Supprimer les ordures! c'te bêtise! Le cœur humain qui ne fonctionnerait plus!

— Êtes-vous pour l'emprunt?
— Mais oui, prêtez-moi dix francs!

A des fêtes de *Liège*, on doit faire sauter les bouchons.

UN PEU DE RÉALISME

— A qui penses-tu ?
— Je pense au siège.
— Eh bien ?
— Je le plains.

— Délicieux, ma chère ! Mon rêve, me voir enlevée !

— Madame, une carte postale. Je ne lui répondrais pas, à ce polisson-là.

L'AFFAIRE DE LA RUE DE SURESNE.
— Quelle horreur ! Quand on songe que la femme Bondy pouvait jeter les yeux sur nous.

Nous allons, not' bourgeoise ?
— N'importe ! mais je vous défends de passer par la rue de Suresne.

— Tiens ! c'était donc vous que j'apercevais là-bas dans la mer ? Je me disais aussi qu'il n'y a pas de baleines par ici.

UN PEU DE RÉALISME

— Prendre des bains ! Et mes opinions, madame ?

— Ah bon, merci ! J'ai l'air de suivre un enterrement civil !

— Cocher ! vous retirez la banquette ?
— Toujours, madame, en revenant de la foire au pain d'épice.

Pas fâchés, les maris, de voir une mode qui empêche leurs femmes de courir.

35 DEGRÉS A L'OMBRE.
— Monsieur veut-il une contremarque ?
— Misérable ! ça ne vient pas de vous ! Vous connaissez ma belle-mère ?

— Une douzaine d'huîtres ! Bigre, vous êtes nombreux à cette table !

UN PEU DE RÉALISME

— Ma chère, je ne sais pas ce qu'il sera, votre vin ! Tout ce que je sais, c'est qu'il ne se fait pas polimont.

— Vois donc ! Un vrai succès !
— Pas possible ! Dumas fils doit en être.

L'AQUARIUM.
— Oh ! que c'est drôle ! Je l'appelle Alphonse et il vient tout de suite.

— Ticket ? A c'te heure plus que des mots anglais ! Bientôt on m'appellera une lady !

L'homme-chien cherchant à faire une connaissance.

— Monsieur, ici tous les bonbons sont fondants !
— Oui, et les pièces de cent sous aussi.

QUESTIONS D'ART

QUESTIONS D'ART

VISITE AUX ATELIERS.
— ! c'est là le portrait de ma femme ?
— ur, les effets se payent à part.

Bien reconnaissants, tous ces braves Turcs, de ce que l'Institut ait pensé à leur ami et peintre M. Gérôme.

— s des missionnaires protestants ! Impossible de faire autre Bible que celle à deux cents francs, illustrée par ré.

— Comment trouves-tu ma peinture ?
— Très bien pour la circonstance. Nous sommes en carême : tu fais maigre.

RÉFLEXION D'UN LAMPISTE A L'EXPOSITION.
— Mon ami, voilà un tableau qui est mal éclairé.
— C'est probablement l'huile qui ne vaut rien.

— Croûtes! plats d'épinard, galettes! Au lieu d'appeler cela un salon, on ferait bien mieux de dire une cuisine.

— Dites donc, mame Pochet, les peintres, paraît que c'est tous coquins! Il y avait une médaille d'honneur : pas un n'a été jugé digne de l'obtenir.

— Un très grand peintre certainement! Mais qu'est-ce que cela peut te faire, à toi, puisqu'il n'avait que le sentiment du beau.

— Voici mes cinquante centimes.
— Bravo! Vous êtes voltairien!
— Je suis tapissier. Voltaire, c'est un fauteuil.

AU FAUBOURG SAINT-GERMAIN.
— Madame la marquise voudrait-elle m'avancer quelque argent sur mes gages, que je souscrive pour la statue de Voltaire?

Stupéfaction des souscripteurs!
M. Havin n'ayant pas suffisamment expliqué au sculpteur de quel Voltaire il était question pour le monument.

CONCOURS POUR LA STATUE DE VOLTAIRE.
— Ça, un Voltaire? Allons donc! en costume du Directoire?
— Justement. Voltaire ne croyait à rien : je l'ai par conséquent représenté en incroyable.

Costume proposé pour la statue de Voltaire, afin de le rendre populaire dans les campagnes.

M. Havin exigeant que la statue de Voltaire ait la tête couverte, afin qu'il soit à l'abri d'une mésaventure à la Duguesclin.

— Mais c'est une horreur! Avoir retouché mon portrait pour l'Exposition! Je n'ai jamais eu ce teint-là!
— Madame, cette année, il faut flatter les étrangers. Votre portrait est peint uniquement au bleu de Prusse.

Demande l'adresse de M. Jadin pour manger ses modèles.

— Peste, Madame! Vous achetez la statuette d'Hercule!
— Hercule? Le marchand m'a assuré que c'était un Plantagenet, et que si je ne l'achetais pas, il allait le céder à l'Angleterre.

Espérant se faire pardonner par le jury de peinture.

M. Courbet les supplie de ne pas y mettre des matériaux trop chers.

— M. Courbet, on vous donne congé! Vous ne pourrez jamais payer la colonne Vendôme et votre terme.

La réédification de la colonne Vendôme réduit Courbet financièrement et physiquement.

— Monsieur Courbet, vous ne regretterez pas votre argent; la colonne Vendôme sera plus belle qu'avant.

QUESTIONS D'ART

— Vous allez porter ce tableau au jury.
— Vous n'en auriez pas un autre? Celui-là ne me fera pas honneur.

Sculpteur apprenant que rien n'est changé au mode des expositions.

— Portez-moi ce tableau à l'Exposition.
— Monsieur n'en aurait pas un plus vêtu? Vous concevez... on tient à sa morale.

— Vous me rapportez mon tableau?
— Une fois là-bas, je l'ai regardé! Alors j'ai plus osé le présenter : on a son amour-propre!

— Il a envoyé une toile au salon; on l'a reçue!
— Il avait donc oublié de mettre de sa peinture dessus?

— Ah! mon Dieu! vous m'avez fait un œil au milieu du front!
— Oui, madame, pour que votre portrait soit remarqué à l'exposition.

QUESTIONS D'ART

ENVOI A L'EXPOSITION.
— Ils ont admiré mon cadre? Puis, après?
— Ils ont dit que c'était malheureux que Monsieur ait mis quelque chose dedans.

VISITE AUX ATELIERS.
— Ah! nom d'un chien! Vous m'avez fait peur! J'ai cru que c'était ça le buste de ma femme.

VISITE AUX ATELIERS.
Le réalisme poussé à sa dernière limite.

— Ah! mon Dieu! Feraient-ils partie de la Société des gens de lettres?

— Ah! mon ami! d'où viens-tu dans c't' état-là?
— Ma chère, nous avons eu réunion à la Société des gens de lettres.

Un Peau-Rouge se faufilant au milieu de la Société des gens de lettres pour scalper le président.

QUESTIONS D'ART

Jean Hiroux. — Excellente, votre *Affaire Clémenceau*! Si vous voulez, nous allons nous associer tous les deux. Moi, Jean Hiroux, je ferai les mauvais coups, et vous, monsieur Dumas fils, vous les raconterez.

L'intérêt de l'*Affaire Clémenceau* amenant un armistice, rien que pour se livrer à cette attrayante lecture.

Conclusion dans l'*Affaire Clémenceau*, le public ayant rendu son verdict.

La pieuvre furieuse contre M. Alexandre Dumas fils, qui a trouvé moyen d'écrire un roman intéressant en se passant d'elle.

Notre spirituel ami Albert Wolff organise sur sa plume un train de plaisir pour le Tyrol et la Carinthie.

Les postillons du *Petit Journal* reconnaissant Albert Wolff sur les boulevards.

ARTS ET LITTÉRATURE

Conférences de M. Alexandre Dumas.
— Pardon, M. Dumas. Vous serait-il égal de parler là-dedans ? J'ai l'oreille un peu dure.

— Notre spirituel ami Sarcey supplie le chef d'orchestre de ne pas lui battre la mesure pendant sa conférence à l'Opéra-Comique.

— Tu ne m'achètes pas le programme pour *Mercadet ?*
— Le véritable programme, je te l'achèterai demain : Les œuvres complètes de Balzac chez Michel Lévy.

UN ABONNÉ INDISCRET.
— Monsieur, vous avez là les œuvres complètes de Balzac, auxquelles vous donne droit votre abonnement à l'*Univers illustré*.
— Ne pourriez-vous me donner avec cela la fameuse canne de Balzac, à pomme d'or ?

De ta demeure dernière, grand citoyen, tu dois être content !

Ces pauvres candidats à l'Académie recommençant leurs exercices.

L'élection de M. Alexandre Dumas fils opère une révolution dans la forme des perruques de l'Académie française.

DEPUIS LE DISCOURS DE L'INSTITUT
— François, vous quittez mon service?
— Hier, dans la rue, monsieur a salué Dumas fils.

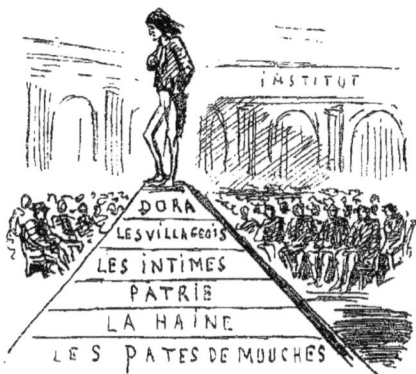

BONAPARTE-SARDOU A L'INSTITUT.
Du haut de cette pyramide quarante sièges le contemplent.

M. DE CAMORS.
— Pourquoi ce coup de pistolet? Le livre de M. Octave Feuillet fait bien assez de bruit sans cela.

A UN REPAS D'HOMMES DE LETTRES.
— Ne me trahissez pas, je tiens à me nourrir de littérature.

— Qu'est-ce que c'est que ces morceaux de papier dans le saladier?
— Monsieur et madame disaient qu'ils ne voulaient plus se nourrir que de littérature.

SPORT

ET

ESCRIME

SPORT & ESCRIME

Gladiateur finissant par arriver avant de partir.

Les ambassadeurs chinois trouvent que la banquette irlandaise laisse bien loin derrière elle le jeu du casse-tête chinois.

— Mon ami, je ne puis vous payer. *Ceylon* nous enlève cent mille francs.
— Mais monsieur le comte n'a rien à faire avec les courses.
— Monsieur, je suis Français, et c'est la France qui a perdu, donc c'est moi !

COURSES
Comme quoi les jockeys feront bien de s'habiller en Autrichiens ou en Prussiens, s'ils ont envie que l'on s'occupe d'eux en ce moment.

Nouveaux paniers de champagne-roussillon, dits pour les courses.
Nouvelle manière de lester les jockeys qui n'ont pas le poids réglementaire.

COURSES DE BADE.
Les chevaux s'arrêtant à chaque instant pour admirer la beauté du paysage.

— Il n'y était pas votre cheval, aux courses de Bade ?
— J'étais à cheval sur un numéro.

— Mon pauvre ami, voici la saison des courses terminée ! Ne pas pouvoir se casser les reins avant l'année prochaine, c'est bien long.

Les jockeys français ayant fait vœu de monter leurs chevaux à l'envers, jusqu'à ce qu'ils aient vengé l'affront du 7 juin 1868.

COURSES DE BADE.
Tout va!

COURSES DU PRINTEMPS
Jockey faisant rent er la pousse.

Cheval de course dressé à courir les poules.

— J'ai eu joliment peur! J'avais parié pour *Nubienne!*
— Le cheval noir?
— Justement, et on me dit que c'est Blanc qui a gagné!

— Cela t'amuse de venir aux courses?
— Oh oui! Je peux y dire zut, devant maman, sans qu'elle me dise rien.

Jeanne d'Arc ne voulant plus de cheval depuis la victoire de Trent.

CONCOURS HIPPIQUE.
Saut de haies.

CONCOURS HIPPIQUE.
Cheval de troupe. Ne pas lui parler des civils.

CONCOURS HIPPIQUE.
Grâce à ses éperons, le jeune Gontran se fait déshériter par son oncle, membre de la Société protectrice des animaux.

CONCOURS HIPPIQUE. — UN CHEVAL BIEN ÉLEVÉ.
— Après vous, maître !

CONCOURS HIPPIQUE
— Vois donc comme on lui a ficelé la queue et les jambes !
— Il appartient probablement à un fabricant de saucissons !

CONCOURS HIPPIQUE
Cheval de fiacre primé comme pouvant encore se tenir sur ses jambes.

CONCOURS HIPPIQUE
— Profitant de la queue de son cheval pour allonger ses cheveux d'autant.

— Les haras fusionnent avec les beaux-arts; Chiron se fait artiste.

— Qu'est-ce que vous attendez là sur le marchepied ?
— J'ai cru que la ville fournissait le cheval avec le marchepied. J'attendais.

LE MARCHEPIED DU BOIS DE BOULOGNE.
La ville ayant oublié un palefrenier pour tenir le cheval.

— Monsieur me demandait le cercle des patineurs ? Monsieur est au siège de la société.

— Il patine bien, ton vicomte.
— C'est l'avarice qui le fait patiner comme ça ! Il n'use qu'un patin.

— Monsieur ! vous n'avez pas le droit d'entrer là ! C'est le trou réservé au club des patineurs.

— Que t'es bête! Tu vois bien, c'est pas une raison parce qu'on sait glisser sur le gazon pour savoir glisser là-dessus.

EXCELLENTE AFFAIRE.
Au Havre, l'entreprise des combats de taureaux allant sur des roulettes.

LOI SUR LE DUEL.
Changer les règles de l'escrime et toujours tirer en l'air.

— Quel air casseur il prend ton mari!
— Un des rédacteurs du journal auquel il est abonné, qui vient de se battre en duel.

— Vous avez une bonne clientèle?
— Oui, monsieur, je travaille pour les journaux.

Pas content, le lièvre de la plaine Saint-Denis, en voyant ouvrir un cours d'adresse au tir de Vincennes.

— Tu vas ainsi au tir de Vincennes?
— Oui, madame, habit oblige, je serai adroit.

— Grand Dieu, président!
— Que vient-il d'arriver?
— Nous sommes tous déshonorés! Un pêcheur au filet qui s'est introduit dans le club.

Le baccara défendu dans les cercles.

— Pourquoi dit-on les eaux de Bade? J'y suis toujours à sec!

A WIESBADEN.
— J'étais à cheval sur un numéro et j'ai perdu.
— Quelle folie! toi qui n'es pas cavalier.

Les vélocipédistes pourront se promener sur les parapets des ponts et des quais.

Allant chercher son gros lot, par ces temps de sécurité dans les rues.

— On me dit que j'ai gagné une baleine! 'achète un aquarium. C'était une baleine pour corset!

Gagner un mylord qui vous force d'aller vous mettre à la station derrière les autres.

LES VEINARDS DE LA LOTERIE.
Gagner une armoire à glace avec un voleur caché dedans.

— Votre carte?
— Mais je ne vous ai rien fait!
Pour le moment, c'est possible; mais on ne sait pas plus tard, et comme il va y avoir une loi contre le duel...

Ne plus trouver désormais comme témoins que des gens déjà familiarisés avec la prison.

POLITIQUE

POLITIQUE

Filet! culotte! entrecôtes! tout y est. Salut au droit de réunion!

— Quelle horreur! Prendre les fleurs de ma jardinière pour en faire un bouquet.
— C'est mon droit!... le droit de réunion.

— Pas de chance! Il a passé sous mes fenêtres, il a vu mes drapeaux, et je n'ai pas le Med_idié.

La ville de Paris profite des pierres qu'on lui a jetées à la Chambre, pour élever de nouvelles constructions.

PARIS DANS L'ÉTÉ DE 1867.
— Ils sont vraiment bien bons, tous ces Turcs, de me tolérer à Paris avec un chapeau rond.

— Il n'y a plus à se gêner! il est parti!

LIBERTÉ DES FIACRES.
— Mon ami, ne prenons pas ce fiacre! Vois donc son numéro; il pourrait abuser de la liberté.

— La liberté des fiacres! Les omnibus sont donc dans l'esclavage?

LIBERTÉ DES FIACRES.
La nouvelle statue de la colonne de Juillet.

A TURIN.
Les ministres se tenant prêts à exécuter sur l'heure la décision du parlement italien.

— On doit murer toutes les vies privées. Je vais tâcher d'obtenir de ces travaux-là.

— La vie privée murée! Dans quel temps vivons-nous?
— Dans l'âge mûr.

Émancipation de la femme rouennaise!
— Le droit au tombage! A terrible Savoyard, terrible Savoyarde!

Quand reconnaîtra-t-on les droits de la femme?

— Sont-elles heureuses! Ils ne votent pas, eux!

— Tu ne croiras plus un mot de ce que je te dis?
— Non, mon ami : j'ai lu ta profession de foi.

— Je pourrai vous payer si je suis nommé! C'est à vous de vous démener dans l'arrondissement.

— Baptiste, changez-moi mon assiette! A quoi pensez-vous donc?
— Madame, je pense aux élections!

— Ah! mon pauvre ami, je vois que tu n'es pas nommé!

Adieu paniers!
Vendanges sont faites!

— Allons, bon! encore un mendiant! Comme s'il n'y en avait pas assez chez nous!

— Je suis un insermenté.
— Ça vous empêche de me donner la main?
— Ce serait un serrement.

— Chers amis, les fêtes ayant coûté fort cher, par des raisons d'économie, nous vous élevons à la dignité de bœuf, de veau et de mouton.

— On dirait qu'elles ne t'amusent pas, ces fêtes ?
— Je crois bien : j'ai souscrit à l'emprunt turc !

— Tu voulais demander des explications sur le Concile ? Adresse-toi au petit : il comprend le latin !

— Qué sans-cœur ! M. Haussmann est parti, et celui-là chante tout de même !

Bien regretté, l'ancien préfet.

— Encore ce maudit timbre ! Qu'ils se dépêchent donc de l'abolir !

POLITIQUE

— Les voyageurs pour Mazas, en voiture!

Prince russe venu à Paris pour s'amuser.

— Plébiscite, quéqu'ça veut dire?
— Imbécile! Ça veut dire oui et non.

— Je ne veux plus que tu me répondes non à rien! Tu me mettras ce mot dans la tête, et au plébiscite je ne saurai plus dire oui.

LE TEMPS AUX PLÉBISCITES!
— Quel cauchemar! Au lieu de sous, ils jettent des bulletins de vote dans mon chapeau!

EN TEMPS DE PLÉBISCITE.
Très effrayés, les chevaux au retour de la charge, croyant avoir perdu leurs queues, à la vue de toutes ces fausses nattes.

POLITIQUE

— Tu ne veux plus coudre mes boutons ?
— Quelle horreur ! toucher une aiguille après tout le sang qu'elles font couler !

Oh, pardon ! je vous avais pris pour un Allemand !

L'IMPOT SUR LE REVENU.
— Sapristi ! je payerai donc ma goutte qui me revient toujours ?

— C'est le fils qu'en verra des dures !

Toujours ce diable de Comité de surveillance

L'OGRE ET LE PETIT POUCET.

ADRIENNE LECOUVREUR.
— Applaudissez donc Bressant!
— Impossible! Le maréchal de Saxe, un Allemand!

— T'as tué un bourgeois?
— Tué, jamais; déboulonné, possible.

— Je suis député, je désire faire assurer ma vie
— Monsieur passe l'hiver à Versailles? Impossible, monsieur, impossible.

UN HIVER A VERSAILLES.
La sortie de l'Assemblée.

LE MANDAT IMPÉRATIF.
— Je m'embête aujourd'hui, Adélaïde! Va me chercher mon député, que je m'amuse avec!

Les ex-communards reprenant la suite de leurs anciennes affaires.

POLITIQUE

— Tu as accepté le mandat impératif : mouche-moi !

INDIGNATION PATRIOTIQUE.

— Vous n'avez pas honte de venir avec votre note, quand les Prussiens ne sont pas encore payés.

Pauvre Paris, les attendant toujours sous l'orme !

L'Assemblée se méfiant un peu.

— Sois gentille ! Si je ne reviens pas, c'est la crainte d'avoir des raisons ; mais je t'aime toujours.

Commençant à trouver le temps long sans la Chambre.

L'ALABAMA.
— Chère madame Albion, à moi maintenant à me croiser les bras et à vous regarder faire.

— Je veux te voir la décoration !
— Mais puisqu'on ne décore plus les civils !
— Eh bien, tu vas te faire militaire.

— Comment ! un habit sans boutonnières ?
— Elles ne servent plus à rien ! Il n'y a plus de décorations civiles.

En partie fine.

DISCUSSION DU BUDGET
— Le charmeur de chiffres.

Lui paraissant tout à fait calme au sortir des séances de l'Assemblée.

POLITIQUE

Obligé de se retirer devant la marée montante.

Exiger que les orateurs ne parlent que sur une seule jambe, afin qu'ils occupent la tribune moins longtemps.

— Aimez-vous le saucisson de Lyon? Nommez mon candidat!.

— Je suis au ministère des Finances.
— Auxiliaire? Ne m'approchez pas, scélérat!

— Je suis votre député; quels sont les besoins du pays?
— Monsieur est bien bon; si un gilet de flanelle ne vous gênait pas trop?

— C'est embêtant! V'là ces canailles de bourgeois qui pensent plus à Barodet; n'ont plus l'air vexé de l'aut' jour.

POLITIQUE

BARODET, EX-INSTITUTEUR.
— Le premier qui m'interrompt, je lui donne cinq cents vers.

— Vous portiez des lunettes?
— Sous l'autre gouvernement; mais le voici changé.

M. Buffet se cramponne après les trains, pour empêcher les députés de partir chez eux avant la fin.

A LA GARE SAINT-LAZARE.
— Quéqu'y viennent faire ici, les voyageurs? Y nous gênent!

— Le shah avec tous ses diamants!
— Quel bel otage ç'aurait fait pour not' commune!

— Votre mari, qu'est-ce qu'il fait?
— Il ne fait rien, il est député.

POLITIQUE

— Le drapeau blanc? Merci! Pour humilier not' linge!

— T'i parles pas? Un pur cependant!
— Allons donc! je l'ai vu entrer aux bains, l'aut' jour!

— Une monarchie? Me faudrait des garanties; qu'on me redonne des otages!

— La fusion finissant par devenir une épidémie.

RÉFLEXION DE MA CONCIERGE.
— Sept ans! Il n'y a donc pas de volontaires d'un an dans c'te partie-là?

— Ah! mon Dieu! Deux heures du matin! Prêtez-moi votre épée pour rentrer dans mon quartier. Je n'aurais qu'à rencontrer un de mes électeurs!

— Comment, tu ne sais pas pour qui tu as voté ?
— Ma foi, non ! C'était la nuit.

— Ma chère amie, je t'ai laissé cette besogne-ci ; tu vas te colleter avec monsieur !

RETOUR DE L'ASSEMBLÉE.
— Eh bien, qu'est-ce que tu cherches ?
— Tu viens de rogner le Budget, et tu ne m'en rapportes pas un morceau ?

Genre d'exercice avec lequel doit se familiariser tout membre de la chambre des Cortès.

— Je voudrais une leçon d'escrime.
— Monsieur a un duel ?
— Probable, comme je pars demain à la Chambre.

Attend au pied de l'arbre du 20 mars les bûcherons du conseil municipal.

LES DÉPUTÉS EN VACANCES.
— Madame devrait profiter de ce que M. Buffet est dans le pays pour faire examiner ses sonnettes.

— Deux chambres!!! Mais qu'on me double mes nerfs, alors!!

Député cherchant à donner le change aux curieux de la gare Saint-Lazare.

Les voyageurs pour la gare Saint-Lazare ayant l'avantage de trouver un logement dès leur arrivée à Paris.

GARE SAINT-LAZARE.
— Je viens pour un billet de circulation!
— Pas besoin de billet! Je me charge de vous faire circuler pour rien.

— Dis donc! si c'était une forme de gouvernement, ce serait celle qui nous diviserait le plus.

POLITIQUE

— Papa, je t'en supplie, ne parle pas à la Chambre, tu compromettrais les étrennes !

— Oh ! monsieur ? un sou, un jour comme celui-ci ! quand toute l'Europe a les yeux sur nous !

— On me le renvoie pour six semaines ! et l'on veut que j'aime la République !

L'ARRIVÉE EN VACANCES.
— Mais, malheureux ! quand on cherchait partout des ministres, où étais-tu ? Tu te caches donc sous les meubles ?

Les ours des fosses de Berne se faisant la courte échelle pour voir passer M. Thiers.

LE GUIDE. — Voulez-vous voir le mont Blanc ?
— No ! Je venais pour voir M. Thiers.

POLITIQUE

— Tu me dois dix louis!
— Depuis, je me suis fait naturaliser Turc : je ne t'en dois donc plus que cinq.

— Monsieur revient de la Chambre?
— Oui, mon pauvre Joseph; on va nous dissoudre!
— Dans quoi?

— Les murs qu'avaient des oreilles, les v'là a c'te heure qu'ont de la langue!

A LA REVUE.
— Laissez-moi passer! je suis député!
— Député? Bavardez voir un peu.

Témoignent tous leurs regrets de ne pouvoir payer le coupon de juillet.

TERME DE JUILLET.
— Le propriétaire me donne congé?
— Il est de la république de Guatamara, et le drapeau de cette nationalité manque à votre fenêtre.

LA PROCHAINE CHAMBRE.
L'ordre du jour remplacé par le goût du jour.

TRAMWAY PARLEMENTAIRE.
— Avez-vous de la place?
— Voyez à droite ou à gauche.
— Vous n'avez pas une place centre gauche?

LES ROIS.
— Tiens! ça t'apprendra à passer par Belleville.

— Avez-vous été voir la machine parlante?
— Vous concevez, ça n'a rien de bien nouveau pour moi : mon mari est député!

— Avant de vous louer, monsieur n'est pas député? Nous avons déjà un sénateur, et nous ne voulons pas de batteries dans la maison.

— Ah! mon Dieu! Que s'est-il donc passé chez vous
— Oh, rien! Nous avons eu un député et un sénateur à dîner.

— Voilà notre député ! Parle-t-il à la Chambre ?
— Il dit peu de mots, mais ils sont gros.

— Il vient d'être dissous !
— Pas possible ! Comment qu'il était donc avant ?

Voudrait bien que le théâtre de la guerre puisse fermer comme les autres.

UNE SPÉCIALITÉ.
— Va, mon garçon ! Fais du gâchis ! Tu n'es bon qu'à ça.

LA GRANDE PRÉOCCUPATION DU SULTAN.
— Malgré la guerre, recevrai-je mon numéro de l'*Univers illustré* ?

— C'est révoltant ! Comment, il voudrait maintenant faire la paix ? Qu'il me rembourse ma carte, alors !

MILITARIANA

MILITARIANA

— Te rendre! déjà? Oh! je t'en supplie, mon Bibi! Ne me la fais pas encore celle-là! pense un peu à mon avancement, mon chéri!

— Et ma famille qui m'écrit qu'elle va venir me voir, et qu'au lieu de descendre à l'hôtel, elle descendra de préférence chez moi!

— Désolé, ma vieille! mais à deux nous serions trop serrés

CAMP DE CHALONS.
— C'est comme ça que tu trempes not' soupe?
— Pas besoin de m'en occuper! De ce temps-là, elle se trempe toute seule.

MILITARIANA

Si Marc-Antoine avait pu s'en douter, quel beau fusil il se serait payé avec l'aiguille de Cléopâtre!

Grâce aux fusils à aiguille, les généraux pourront un jour remplacer les armées par des machines à coudre.

Les dames utilisant leur coiffure pour porter du fourrage à la cavalerie italienne.

— Dire qu'ils font des vœux pour la paix ! Faut-il qu'il y ait des gens qu'ont des goûts pervers !

LA GRÈVE DES OUVRIERS A AIGUILLE.
Si elle pouvait durer toujours, celle-là !

— Huit coups de fusil à la minute ! Mais, si vous aviez mon fusil Chassepot, vous verriez que vous êtes en retard !

MILITARIANA

— De notre temps, on se battait sans savoir lire ni écrire. Aujourd'hui, c'est plus ça ! faut être journaliste.

— Vous me ferez quatre jours de salle de police. On ne porte pas son schako de la sorte.
— Capitaine, c'est pas ma faute. Il a pris cette position depuis le tremblement de terre.

— Il ne vient pas pour moi... Il écoutait le piano de madame... ! Pauvre cher homme! On a supprimé la musique dans son régiment.

— Tapins! voulez-vous baisser la tête tout de suite! En fait de géant, vous ne devez regarder que moi.

— Les zouaves font de la médecine. Faut que j'en fasse aussi ; je vais soigner les enfants : cela me rapprochera des bonnes.

— Soldats, on est content de vous! La patrie reconnaissante vous augmente... d'un rang de boutons.

MILITARIANA

— Pourquoi vous permettez-vous de danser comme ça ?
— Capitaine, c'est pour qu'on allonge mes jupes.

— Qué que vous avez donc à me fourrer toujours votre sabre sous le nez ?
— Pour vous faire voir que je suis un bon sujet.

— On n'entre plus aux Tuileries comme ça ! Vous allez passer dans ma guérite, que j'examine votre toilette en détail.

— La nouvelle théorie, faudra-t-il se la mettre dans la tête ?
— Aujourd'hui, c'est la mode de tout introduire par la culasse.

— Capitaine, je suis de la mobile ; mais j'aimerais la compagnie qui se remue le moins.

— Que je suis t'y content de ne pas savoir ma langue ! Qu'avec mes moustaches, on aurait pu me confondre z'aujourd'hui z'avec un avocat !

Enfoncé le chassepot!
Le londrès de la régie suffisant pour éloigner l'ennemi de nos frontières.

LEVÉE DU CAMP DE CHALONS
— Les pauvres bêtes! elles vont se trouver bien seules!

— Et tes soldats, où sont-ils?
— Je n'en ai pas besoin! Je suis capitaine, ça me suffit.

EN DÉPIT DE LA VACCINE.
Grâce à la mitrailleuse, tous les ennemis de la France vont devenir grêlés.

— Quelle chance que je soye tombé z'au sort!

— Certainement vous n'avez pas d'épaulettes! Mais vous rachetez peut-être ça par d'autres qualités personnelles.

Les anciens gendarmes de la Garde reconnaissant l'inconvénient de quitter le bonnet à poil à l'approche de l'hiver.

LES NOUVEAUX TAMBOURS
Manière de satisfaire ceux qui demandent des réductions dans l'armée.

Cent-garde vidant sa botte après le bal.

— Mais, mam'zelle Françoise, vous ne me donnez plus des tasses pleines ?
— Ah dame ! on diminue l'armée dans ce moment-ci.

— Escusez, militaire ! Je vous avais pris aussi pour une plante grasse.

— Sergent ! vous avez le nez rouge ! Vous allez lui faire prendre la nouvelle couleur d'ordonnance, gris bleuté !

MILITARIANA

THÉATRE DE LA GUERRE.
Plus personne aux places de face, pour applaudir la débutante.

— Attention! Jeu est fait! Tout va à la masse

— Eh bien! qu'est-ce qu'il y a?
— Sergent, ne pourrais-je faire faire cela par mon domestique?

— Faut pourtant qu'ils reparaissent un jour les brosseurs dans l'armée française!

Les généraux ne voulant pas perdre l'habitude du cheval, quoiqu'à la Chambre.

LA NOUVELLE TENUE
Le chapeau à plume indispensable à nos généraux depuis qu'ils écr v des brochures.

— Tiens! en v'la une coupure!
— Paraît qu'il n'a pu la faire passer,

— Allons! puisqu'il n'y a plus que c'te mitraille-là pour les faire partir!

LE JEU DE QUILLES PARLEMENTAIRES
Démolis, les anciens!

— Imbécile! Plains-toi donc! Tu n'as que cinq ans, tandis que le général a fait la perpétuité.

L'ARTILLEUR VOLONTAIRE
— Le boulet aussi? Faut donc que je paye tout? C'est plus le canon, c'est mon argent qui va partir!

— Je vais les aider. Je veux revoir ma chère colonne avant de mourir.

MILITARIANA

Les hussards restituent les petits tambours qu'on leur avait donnés pour coiffure.

Par les temps de vent, la légèreté du nouveau shako offrant un exercice très hygiénique à la santé du soldat.

— Sergent, ce monsieur qui était à côté de moi ?
— Ça ? c'est rien ! c'est un témoin civil.

— Vous ne pouvez pas entrer avec ça !
— Mais c'est une carte pour suivre les débats !

Tout général député portera la bavette d'avocat.

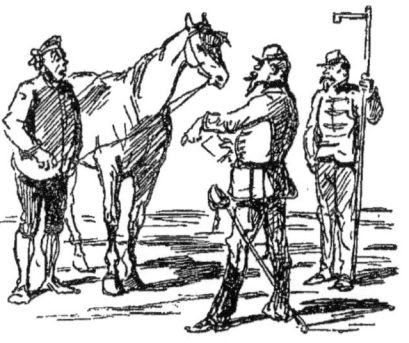

CONSCRIPTION CHEVALINE.
— Nous allons mesurer sa taille ! Enlevez-lui ses sabots !

— Eh bien, mon garçon, quel usage avez-vous fait de vos vingt jours de cavalerie?
— Un usage de chandelle.

LE RETOUR DU RÉSERVISTE.
— Baptiste, vous m'avez entendue?
— Oui, mon colonel!

LE 29ᵉ JOUR.
Le seul cas où l'on se voit avec plaisir arrivé à la fin de ses ours.

Rentré chez lui, l'artilleur de la Territoriale continuera à se livrer à la manœuvre du canon.

Les Boursiers (de la Territoriale) enlèveront les affaires à l'aide de leur pièce.

A LA FOIRE AU PAIN D'ÉPICES.
— Tenez, madame, voulez-vous aussi d'un militaire pour la bonne?

THÉATRES

THÉATRES

Réflexions sur M. Émile Augier (paroles et musique de M. Gustave Nadaud).
Il n'a donc jamais été,
Il n'a donc jamais été
No-tai-re! no-tai-re!

Le Danseur à la jambe de bois lançant la jambe.

— Que pensez-vous de la liberté des théâtres, m'ame Pipelet?
— M'en parlez pas! j'ai peur que le propriétaire il ne fasse un théâtre de la maison et que je ne sois forcée de débuter.

Roland venant relever Robert le Diable de sa faction de trente-trois ans.

Il paraît que M. Barrière n'est pas un vaincu, car tout lui réussit.

— Oh! Éraste, c'est affreux! m'avoir traitée de cocotte!
— Pardonne-moi, Lucile, ce sont les messieurs de Goncourt qui m'ont appris ces vilains mots.

« Il pleut, il pleut, bergère! » (Pas de danger que M. Offenbach rentre ses blancs moutons tant que durera cette pluie-là.)

Ne voulant pas survivre à sa défaite, Mlle Thérésa veut s'empoisonner en avalant un rafraîchissement dans un café-concert.

M. Offenbach prie Barbe-Bleue de lui prêter son grand sabre pour aller couper l'herbe sous les pieds du directeur des Bouffes-Parisiens.

THÉATRES

Barbe-Bleue voyant avec peine qu'il fait partir la belle Hélène. Il aurait désiré l'épouser comme les autres, le scélérat!

Le gosier de la Patti ne donnant plus des notes, mais des banknotes.

Si le général Hoche, des Français, eût créé la Légion d'honneur, il y aurait mis cette devise : « Honneur et chapellerie. »

La couleur locale de la pièce de M. Ponsard déteint sur les ouvreuses du Théâtre-Français, qui se transforment tout à coup en tricoteuses.

M. Batty se rendant avec sa barre de fer auprès du lion de M. Ponsard, qui se permet de faire pâlir les siens.

M. Batty retrouve ses lions complètement hébétés par la romance de la *Femme à Barbe*, qu'on a chantée dans leur cage.

THÉATRES

La fashion parisienne peu empressée d'adopter la nouvelle coiffure proposée par M. Batty.

Le siffleur de *la Contagion* regardant, à la fin du mois, le caissier de l'Odéon faire sa caisse.

M. Batty regrette que ses lions ne soient pas amoureux comme celui de M. Ponsard.

Don Juan n'ayant plus le temps de courir les femmes depuis qu'il est obligé de courir les spectacles.

— Sauvons-nous! Lui aussi se met en tête de jouer *Don Juan*.

— Quelle chance! si cela pouvait s'attraper de faire des pièces comme c't homme-là!

Le public ne craignant pas la *contagion*. Tous vaccinés!

— Je me suis bien amusé! Et toi?
— Moi aussi! Mais faut pas le dire; nous serions éreintés dans les journaux.

— Voyons, faut pas nous tromper! Il y a une porte à ce théâtre, où il faut 500,000 francs pour entrer.

— Vous m'excuserez : je ne puis aller souper avec vous ce soir. Faut que je fasse une visite à mon nouveau directeur.

DON JUAN.
— Oh! mon Dieu! Qu'est-ce qu'il va lui demander à c't homme avec son masque?
— Parbleu! il va lui acheter des crayons.

— Quel est donc ce portrait? Comme il bâille!
— C'est un acteur du Vaudeville. Il en est à la cent soixantième représentation de la *Famille Benoîton*.

THEATRES

RÉFLEXION D'UN VIEUX SPECTATEUR.
— Je suis bien fâché de ne pas m'être mis dans les mousquetaires de M. Alexandre Dumas. Ces gaillards-là n'ont pas vieilli.

— Merci! je n'entre pas là-dedans avec ma cage!

La statue du Commandeur furieuse contre Mme Sand. — Un Don Juan qui le fait souper avec de la soupe aux choux et des plats à l'ail!

JOSEPH VENDU PAR SES FRÈRES.
— Jules, veux-tu bien ne pas toucher aux acteurs!
— Maman, je conseille à Siméon, s'il vend Joseph, et que l'autre n'ait pas d'argent, de se faire payer en timbres-poste.

— Chère amie, il y a longtemps que tu m'ennuies pour te conduire au spectacle. Tu vas voir ça.

Ce pauvre Atrée ne retrouvant plus son public de 1740, qu'il faisait trembler.

— Dites donc, monsieur Sardou, nous autres, *les Bons Villageois*, nous sommes ben pour quéqu' chose dans vot' pièce. Combien que ça va nous rapporter?

— M. Sardou reconnu par les sapeurs pompiers de son endroit, après son succès des *Bons Villageois*.

— Comment, payer! Mais c'est donc pas not' pièce à nous autres? Nous sommes des villageois!

— Mais allumez donc monsieu.
— Oh! Monsieur Sardou! N'osions plus depuis que Monsieur s'est moqué des pompiers.

— Je vous demande un peu pourquoi il blague les pompiers?
— C'est pour flatter ses acteurs qui touchent des feux.

— Mais il y a longtemps que j'annonce la voiture à madame la baronne.
— Voilà cinq heures que j'entends parler en vers. Vous me parlez en prose, je ne comprends plus.

M. Sardou guettant un de ces farceurs de chroniqueurs qui ont la manie de rôder autour de sa nouvelle propriété.

Le Palais-Royal ayant pris le genre de l'Opéra. Robert-le-Diable, à son tour, prend celui du Palais-Royal et pousse des gnouf-gnouf au nez et à la barbe de Bertram.

— Vois donc l'Amour, on dirait qu'il lui manque quelque chose.
— Sa voiture, parbleu !

— Qu'est-ce que c'est, Mademoiselle? Vous ne voulez pas danser dans *la Source*?
— Je suis un rat, c'est vrai; mais pas un rat d'eau.

M. Offenbach s'amusant à changer les enseignes des théâtres.

L'ACTEUR NÈGRE.
— Mais, ma chère, vous n'y comprenez rien, à votre rôle !
— C'est pas de ma faute, avec cet acteur-là je n'y vois que du noir.

— Saperlotte! cela me donne à réfléchir! Ma femme qui a applaudi madame Dubarry.

LES NOUVELLES EXIGENCES DU FREISCHUTZ.
— Trois balles enchantées et un fusil Chassepot, sinon rien de conclu!

— *Mignon!* Connais-tu ça?
— Je connais des péchés qui portent ce nom-là.

— Allons voir *Mignon*.
— Non! Ça ne doit pas être un grand spectacle! Sans quoi, ils n'auraient pas mis *Mignon*. Ça doit être tout petit.

La duchesse de Montemayor se demandant si c'est à elle ou à M. Sardou.

LES PIRATES DE LA SAVANE.
Miss Menken cherchant à retenir son rôle.

THÉATRES

— Mon cher Sardou, il me semble que vous vous êtes promené pas mal avec Madame. Si je lui faisais faire une promenade à mon tour?

— Ce sabre est la plus belle soirée de ma vie!

— C'est ton enfant! épouse-moi.
— Tu ne connais donc pas *Les Idées de Madame Aubray?* C'est maintenant le devoir d'un autre.

— Mon fils!
— Votre fils? Vous avez vu *Les Idées de Madame Aubray*. A qui avez-vous marié sa mère?

Extrême embarras du grand inquisiteur que ses fonctions appellent dans deux théâtres à la fois.

Pauvres savants! Les comètes refusent de se faire voir ailleurs qu'au Théâtre-Français depuis qu'on s'y occupe d'astronomie.

THÉATRES

Galilée faisant tourner le monde tous les soirs autour du Théâtre-Français.

L'amiral suisse et le général Boum s'entendant pour conquérir le monde... dramatique.

LE THÉATRE CHINOIS.
— C'est t'y pas avec ça qu'il va jouer *le Cheveu blanc* de M. Octave Feuillet.

ANTONY.
— Elle me résistait! je l'ai assassinée!
(Ah! monsieur Laferrière, à votre âge! faire de ces choses-là!)

Robinson n'ayant qu'à chanter de l'Offenbach dans son île déserte pour y attirer du monde.

— C'est dégoûtant! On ne peut seulement pas s'en aller sans qu'on vous dise des sottises!

THÉATRES

Augmenter les jupes, c'est ça qui leur allonge la figure.

— Maman, j'y ai rien compris à ce qu'on dit dans *Gulliver*.
— Embrasse-moi, ma fille.

— M'sieu ! une loge pour l'Ambigu ! Un mari trompé à chaque acte : cela amusera madame.

LE PREMIER JOUR DE BONHEUR.

Espérons que le soleil de ce jour-là ne se couchera pas de longtemps.

Mlle Nilsson humiliant une rivière par la limpidité et la fraîcheur de sa voix.

COMME CHEZ NICOLET.

De plus Faure en plus Faure !

Faust et Marguerite craignant de ne plus se comprendre.

THÉATRE DU GYMNASE : *Comme elles sont toutes.*
Comme quoi il faut tout l'esprit de Charles Narrey pour faire d'une chute un très grand succès.

Les Dragons de Villars faisant fausse route à l'Opéra-Comique ; c'est au grand Opéra qu'ils auraient dû aller pour rencontrer les Huguenots.

Le directeur de l'Opéra se donnant à tous les diables.

— Saperlotte ! et moi qui me suis trompé de bohème ! c'est celle-ci qui m'allait.

— Mon ami, où vas-tu ?
— Je n'en sais rien ! Madame Dupuis va me le faire savoir.

THÉATRES

— Docteur, mon pauvre mari devient imbécile!
— Il aura été voir *Chilpéric!* C'est grave, madame, très grave!

— Quelle place désirez-vous?
— Donnez-moi une stalle d'écurie.

— Faust ayant failli se trouver entre deux... Marguerites!

Le comité de lecture du Théâtre-Français se procure une mitrailleuse pour blackbouler plus abondamment les auteurs.

LE BALLET DE *Théodoros.*

Être paresseuse comme toutes les couleuvres, et se voir forcée de danser sur le bout de sa queue pendant plus de cent représentations: c'est ça qui est dur!

— Mon ami, je ne vais pas voir *la Madone des roses,* si monsieur ne vient pas dans la loge avec nous.

16

— Signons-nous, ma chère! Voilà M. Sardou qui passe!

AU SORTIR D'UNE REPRÉSENTATION DE *Patrie!*
— Où vas-tu, Joseph ?
— Je cours à mon ministère, leur annoncer l'abandon de mes appointements.

Marguerite se frottant les mains d'avoir commis sa faute, en voyant que son petit vient de réussir.

DÉMOLITION DE L'ANCIEN VAUDEVILLE.
La dame aux camélias rendant le dernier soupir entre les bras d'un maçon.

La meilleure place pour entendre l'opéra de *Rienzi*, sans être trop incommodé par les cuivres.

Et des gens qui viennent vous dire qu'on ne meurt qu'une fois!
Allons donc! Voilà la *Julie* de M. Octave Feuillet qui est appelée à mourir cent fois de suite.

THÉATRES

FERMETURE DU THÉATRE LYRIQUE.
— Quelle cruauté! Ce pauvre Don Quichotte qui était déjà fou, l'enfermer pendant trois mois avec Rienzi!

— Comment que ça se fait? T'as pas de succès dans *la Chatte!*
— Parbleu! j'ai trop de chien.

— Il n'a pas été reconnu?
— Heureusement! Bâtard, c'est un succès aujourd'hui.

Comme les augures, les témoins ne pouvant plus se regarder sans rire depuis la spirituelle comédie de Louis Leroy.

— Qu'on me rende mon argent! J'ai vu annoncer une pièce de MM. Meilhac et Halévy. Je venais ici pour rire, et je pleure!

— Diable d'Offenbach! Quelle chance! Des brigands lui apportent de l'argent au lieu de lui en demander.

THÉATRES

LUCRÈCE BORGIA.
— Vous êtes tous empoisonnés!
— Et elle regarde par ici en disant cela! Ça n'est pas rassurant du tout!

— Avez-vous vu *Fernande?* Quelle femme Sardou m'a donnée là!
— Il n'en fait jamais d'autres! Je m'appelle de Rysoor; la mienne valait encore moins.

FREYSCHUTZ.
Infortuné chasseur! Au lieu d'enchanter ses balles, il eût bien mieux fait d'enchanter le public!

— Comme t'es fier!
— On vient de me refuser un billet de faveur! C'est comme si j'étais ministre!

LES SONNETTES.
Des domestiques auxquels la vogue accordera plus que leurs huit jours.

La coupable Marion de Lorme ayant aperçu Dumas fils dans la salle.

THÉÂTRES

— Pas de danger qu'ils aient donné la première à Belleville !

AUX FOLIES BERGÈRE.
— Tu y tournes le dos ?
— J'aime pas les rois :

TRANSITION.
— Passer sa soirée aux *Merveilleuses* et retrouver sa femme en rentrant.

Les Anglais, qui croyaient tenir Jeanne d'Arc, la voient passer aux Italiens.

CHERCHANT A GAGNER UNE VOIX.
— Permettez-moi de vous l'offrir ; il est tout frais du Gymnase.

Pourquoi M. Sardou n'a-t-il pas fait voir son magot à lui ? c'est celui-là qui est fort !

THÉATRES

Jeanne d'Arc refuse de paraître sur la place des Pyramides sans son nouvel ami, le maëstro Offenbach.

— Ai-je pleuré à c'te pièce! Tu mourrais demain, mon chéri, qu'il ne me resterait plus une larme pour toi.

LA JEUNESSE DE LOUIS XIV.
— Tout ça, des cheveux qu'il prenait au pauvre peuple!

LA JEUNESSE DE LOUIS XIV.
— Eh! là-bas j'entre pas en scène avec vous autres; vous avez l'habitude d'être sifflés!

— La Chute! Tiens! pas si désagréable de tomber, si c'est sur du monde riche.

— Vous désirez?
— A la poulette, s'il vous plaît.

THÉATRES

L'officier de fortune (Ambigu-Comique).
La maison qui tourne donnant le mal de mer dans toutes les loges.

Les dimensions de la nouvelle scène de l'Opéra mettant le cortège de *la Juive* dans la nécessité de traverser en chemin de fer.

L'HOMME TATOUÉ.
— Maman, tu m'as promis des gravures; achète-moi ce monsieur !

Mireille.
— Bagasse! pas de la musique au beurre, ça! Quelle artiste Mme Carvalho, si seulement elle avait l'accent de Marseille !

Madame l'Archiduc.
— Excusez! quel succès! Pas moyen de lui chanter à celui-là :
    Ce p'tit bonhomme !
    Ce p'tit bonhomme !

— Mon ami, allons là ! Ça doit être amusant !
— Adélaïde ! tu viens de te trahir !

THÉATRES

Ayant trouvé un excellent terrain, Charles Lecocq y sème des notes et des bank-notes.

LA RÉPARATION.
— Je lis *Tragaldabas!* C'est superbe! Tu l'as sifflé dans le temps : pendant un mois, tu n'auras que du porc aux choux!

— Ah! tout est loué à l'Opéra! Tu vas tout de suite envoyer les témoins à M. Halanzier! Je te ferai des obsèques superbes!

A LA REPRÉSENTATION DU *Caïd*.
— Mon ami, tu me dis qu'Ali-Bajou n'est ni homme ni femme, et pourtant il n'a pas l'accent auvergnat.

AU NOUVEL OPÉRA.
— Vous reste-t-il encore un fauteuil d'orchestre?
— Oui, monsieur; pour le 25 mars 1877.

UN DIALOGUE A L'OPÉRA.
— Mon ami, tout est remis à neuf dans *Guillaume Tell.*
— Oui, tout est frais; il n'y a de *rance* que celui des vaches.

— Avez-vous vu l'*Ilote*?
— Oui, cette pièce m'a mis dans l'ivresse.

— Oh! pardon, monsieur! je vous avais pris pour M. Gondinet, comme vous mangiez une glace panachée.

— Qué qu'elle vient faire là l'*Étrangère*?
— Probablement pour apprendre le franç»is.

LE VOYAGE DANS LA LUNE.
— Excusez! s'il ne s'amuse pas, ça sera toujours pas manque de se donner des bosses!

— Monsieur, une contremarque et un parapluie pour aller voir la pièce de M. Pailleron

— Des Russes à l'Odéon, une étrangère aux Français : c'est plus le demi-monde à c'te heure, c'est le monde entier!

THÉATRES

DUMAS FILS FAISANT SON ENTRÉE AU THÉATRE-FRANÇAIS.
— Tout thé vert! Tant pis pour les nerfs des abonnés.

— Si M. Verdi voulait donc mettre en musique mes Égyptiens à moi! des valeurs qui baissent tous les jours et me ruinent!

— Jeanne d'Arc? c'est mon homme!

Le patin à roulettes adopté par les chanteurs pour faire leurs roulades.

RETRAIT DE LA SUBVENTION DE L'OPÉRA.
Le public apporterait lui-même son éclairage pour voir le foyer.

— Faut-il qu'il soit modeste! On les a rappelés tous! tous! et Bernardin de Saint-Pierre n'est pas venu!

THÉATRES

PAUL ET VIRGINIE.
— Quelle place avez-vous à me louer?
— Monsieur serait très bien sur la scène.

Ne s'est pas amusé du tout. Entendre applaudir les Cosaques toute une soirée, c'est dur!

— Cinq-Mars! c'est-y le bourreau qui le décapite?
— Eh, non, bêta! Dans les pièces, c'est la censure qui fait les coupures.

— Des lunettes bleues tous les deux?
— Oui, par précaution : nous allons voir l'Éclair!

LA NOUVELLE AVENUE DE L'OPÉRA.
— Tu vois, en face, tout au bout, c'est l'Opéra! Ote ton chapeau; M. Halanzier est peut-être à sa fenêtre, cela le flattera.

Joie de M. Perrin, le directeur des Français, en voyant son théâtre éclairé aux frais de l'Opéra, en face.

— Mon ami, allons voir *la Petite Muette?*
— Vous n'y songez pas, madame! Encourager la perte d'une voix au moment des élections!

— Monsieur, douze francs les deux places. Vous ne trouverez jamais l'occasion de lui payer des diamants, à ce prix-là!

LE BOSSU.
— Venant tous assister à leur succès.

Tous les vieux déserteurs de l'Opéra-Comique y revenant avec celui de Monsigny.

DE RETOUR DES FOLIES-BERGÈRES.
— Mon ami, pourquoi mets-tu cette pomme sur ma tête?
— Je voudrais essayer un tour que j'ai vu faire aux Folies-Bergère.

AUX FOLIES-BERGÈRE.
Comme Ève se serait repentie d'avoir cueilli la pomme, si Adam avait été un Américain!

THÉATRES

Avec un succès pareil, le condamné Jean Renaud craint avec raison d'en avoir pour longtemps.

Mademoiselle Sarah Bernhardt se réveillant le 1er avril au matin.

M. Dumaine se promenant sur le boulevard et tâchant d'y acquérir la marche de Jean Valjean.

L'orage attiré sur l'Odéon par *Balsamo* finit par y éclater en pluie d'or dans la caisse du théâtre.

BALSAMO.
Marat regarde avec convoitise toutes ces têtes du parterre !

BALSAMO.
Louis XV causant avec Alexandre Dumas fils, madame Dubarry a une peur atroce qu'il ne lui fasse connaître la Dame aux camélias.

— Madame Prudhomme, si nous marions notre fille, il faut la donner à un Fourchambault; cette famille me paraît bien lancée.

A PROPOS DE *Polyeucte*.
Sévère sollicite de M. Halanzier l'autorisation de charger dans la journée pour l'Exposition.

M. Halanzier donne l'ordre à Guillaume Tell de tirer sur les marchands de billets.

Ce marquis d'Ivry a bien tort d'encourager ces gens-là! et surtout de les faire applaudir après de semblables écarts!

Tous les bottiers de Paris voulant faire maintenant du théâtre, depuis le succès de la pièce de M. Paul Parfait.

— Plein d'esprit, cette pièce de Gondinet! Et 'e m'y connais!
— Aux cascades? Madame!

La Camargo.
Le capitaine Mandrin regrette son succès qui, pour lui, n'a pas la saveur d'une chose volée.

— Comme vous voilà maigre !
— Je vais tous les soirs au spectacle, et M. Sarcey m'a défendu de dîner.

A la verve et à la vigueur de la satire de la revue du Théâtre du Palais-Royal, Aristophane reconnaît deux de ses dignes fils dans Gondinet et Pierre Véron.

— Fils naturel! possible! mais succès légitime !

Le directeur du Gymnase trouve que l'*Age ingrat* c'est l'âge d'or.

LE BALLET DE *Yedda.*
Les réalistes auraient désiré y voir intercaler un pas où deux Japonais s'ouvriraient le ventre.

Le grand Casimir.
Opérette de la force de plusieurs chevaux. Le métier de chanteur deviendrait-il un métier de cheval ?

Les directeurs parisiens viennent à Lyon pour prier *Étienne Marcel*, de M. Saint-Saëns, de prendre domicile chez eux.

MM. Meilhac et Halévy construisent leur charmant *Petit Hôtel* ne se composant que d'une pièce.

Lecocq chantant victoire sur sa barricade.

A LA COMÉDIE-FRANÇAISE.
Le capitaine Delaunay baptise du nom de l'*Étincelle* toutes les pièces destinées à une grande portée, comme celle de M. Édouard Pailleron.

NOUVEAU THÉATRE DE MONACO.
Jouant devant un parterre de rois.

SALONS

DE

PEINTURE & DE SCULPTURE

SALONS
DE PEINTURE ET DE SCULPTURE

M. GÉRÔME.

Un Turc profite de ce qu'il a un sabre pour couper en deux une composition de M. Gérôme.

AUTRE TABLEAU DE M. GÉRÔME.

Un Arabe s'étant fait arracher toutes les dents, les place dans la bouche d'un esclave qui a toute sa confiance.

DE MOULIGNON.

Faut-il qu'elle soit bête! Se peindre elle-même, tandis qu'elle a un peintre du mérite de M. de Moulignon à sa disposition.

M. VICTOR GIRAUD.

Un mari engage sa femme à tenir la rampe, les escaliers lui paraissant glissants.

SALONS DE PEINTURE ET DE SCULPTURE

Les portraits en pied pas toujours agréables à voir depuis la mode des robes courtes.

Les personnes atteintes de maux d'estomac se trouvent extrêmement bien de l'excellent tableau de M. René *les Bords du Sichon, à Vichy.*

M. GÉRÔME.
Turc faisant les honneurs du Nil à son parapluie.

M. HÉALY.
— Charles, ne regarde pas ce portrait! Je ne veux pas que tu prennes de mauvaises manières.

M. LAMBRON.
Un monsieur qui prenait un bain de rivière réclame auprès d'une dame dont le petit chien vient de lui avaler ses habits.

M. MOREAU.
Dans sa précipitation à enlever Europa, Jupiter oublie la tête du taureau chez son costumier.

SALONS DE PEINTURE ET DE SCULPTURE

M. REGNAULT.
Le général Prim se rendant chez son chapelier.

M. GRELLET.
Un martyr gagne déjà le ciel avec son doigt

M. RIBOT.
La dame qui ramone elle-même ses cheminées.

M. MESDAG.
Effrayé par les naufrages récents, un monsieur se rend en Amérique à cheval.
(Il a refusé d'y atteler une voiture.)

M. DUBOUCHET.
Daphnis, ayant trouvé une pose extrêmement incommode, en profite pour faire faire ses cors par Chloé, qui débute dans la partie.

M. MUSSINI.
Néron furieux contre sa femme de ménage! Trois heures de l'après-midi, et sa chambre n'est pas encore faite!!!

M. FOUBERT.
S'ennuyant dans le désert, saint Jean fait tourner son auréole pour se distraire un peu.

M. ZIER.
Une dame rigoriste refuse l'entrée de son salon à deux messieurs qui supposaient la réunion sans cérémonie.
(Comme on se trompe !)

M. CARRIER-BELLEUSE.
Un enfant prie sa mère (et avec raison) de lui laver les pieds.
(Nous appuyons cette demande.)

M. GLAIZE.
Orphée remonte Eurydice avec une clef qui la fait voltiger deux heures sans arrêter.

M. CHARLES MARCHAL.
Le premier bain de pied dans la bouche d'une mère.

M. ALPHONSE HIRSCH.
Premier trouble ou les suites du homard.
Admirablement rendu. . le homard pas encore.)

M. MOROT.
Médée questionnée par ses enfants qui ne s'expliquent pas son air canaille.

M. GOMERRE.
Junon.
Devrait bien se parer des plumes du paon, puisqu'elle n'a rien autre chose à se mettre.

M. RIBOT.
Une veuve se retire dans un sac de suie pour y compléter son deuil.

M. VOLLON.
Cet Espagnol et son chien paraissent avoir été flâner du côté de l'atelier de M. Ribot.

M. TOFANO.
Les Nouveaux Mariés.
Ils s'imaginent probablement que personne ne les regarde au Salon.

M. HORACE DE CALLIAS.
Georges Cadoudal envie son pistolet, qui, lui au moins, par vient a partir.

M. DIDIER.

Quel sol admirable, où les bœufs et les vaches poussent en pleine terre !
Nota. Éviter de s'y piquer les pieds en se promenant.

M. LE BLANT.

Le brave Larochejacquelein n'ayant peur que pour son chapeau neuf.

M. RIBOT.

— Mon Dieu ! Il ne passera donc pas un ramoneur pour nettoyer cette famille-là...

M. BRUN.

Faute de poudre insecticide, une jeune fille cherche à charmer par la musique les animaux qui sont dans sa paillasse.

M. BOISSEAU.

Tant d'imbéciles dans la vie ! Une jeune fille s'exerce à causer avec un serin.

MADEMOISELLE DUBRAY.

— Espérons pour madame sa mère qu'elle n'est pas venue au monde coiffée.

M. MERCIÉ.

Le Génie des arts s'asseoit sur les ailes de Pégase pour faciliter son vol.

M. VASSELOT.

« Patrie! » Sardou, parbleu!

M. BRUNIN.

Masaniello prêche l'insurrection à un serin qui nécessairement l'écoute.

M. LEMAIRE.

Grand prix de coiffure, Mme Dalila.
Une médaille d'honneur, sans compter ce qu'elle a déjà touché des Philistins! C'est joli, pour une coupe de cheveux!

M. LUDOVIC DURAND.

Un captif hésite à quitter ses chaînes dans la crainte de s'enrhumer.

M. GUSTAVE DORÉ.

L'amour de l'art raconte tout ce que Gustave Doré a fait pour lui; demandant pour ce grand artiste une juste récompense.

EXPOSITIONS

EXPOSITIONS

Les Français enlèvent le Trocadéro pour la deuxième fois.

Ce pauvre Mars, voulant se promener actuellement dans son champ, ne sait plus où poser le pied.
Quelle mauvaise charge on lui a faite-là !

— Tu vois ces fromages-là ! les Russes nous en servaient comme ça tous les jours, à Sébastopol. Il y a même des camarades qui en sont morts, tant que c'est indigeste.

Le brie se prenant aux cheveux avec le neuchâtel.

EXPOSITIONS

Prochaine exposition de fromages.
Section du *Roque* par trop *fort*.

— Mais je ne les vois pas, le fromage anglais et le fromage américain?
— Monsieur, ils se sont dévorés tous les deux.

Le jury repoussant avec indignation le fromage de cochon.

Ce polisson de gruyère faisant les yeux aux femmes.

— J'ai mangé du stilton, et, quoique ne sachant pas un mot d'anglais, j'ai trouvé cela excellent.

Les gardiens de l'exposition des fromages ne pouvant faire leur service qu'à la condition d'avoir une drogue sur le nez.

EXPOSITIONS

— Quelle horreur, mon ami, passons vite! des gens comme nous, s'arrêter devant du fromage à la pie! fi donc!

— Adèle! malheureuse enfant! qu'est-ce que c'est que ces manières-là!
— Maman, je fais un fromage avec ma robe, c'est bien permis, je suppose, à cette exposition.

— Tiens, papa, voilà le fromage que je préfère.
— Tu as raison, mon fils, il faut aimer tout ce qui a du cœur.

— Mon fils, que cette exposition chevaline vous serve de leçon! S'ils avaient été des ânes, ils n'auraient pas aujourd'hui l'honneur de figurer devant le public.

— Monsieur, vous n'avez pas le droit de décrocher les tableaux qui sont là-haut!
— Je voudrais comparer avec la nature qui est exposée au-dessous.

— Ce n'est pas poli pour le public! Il me semble qu'on aurait pu les retourner.
— Si c'est là ce qu'ils ont à nous faire voir! Ils sont bien mal élevés!

EXPOSITIONS

— Trouvez-vous qu'il y ait de bonnes choses à l'Exposition ?
— Mais oui! Au buffet, j'ai mangé du jambon excellent.

— Joseph, pourquoi avoir acheté ce poisson? Nous avions de quoi dîner.
— Ce n'est pas pour manger maintenant : tout augmentera tellement au moment de l'Exposition.

— Eh bien, ma chère, vous êtes moins préoccupée de l'avenir de vos deux filles ?
— Oui, je compte beaucoup sur l'époque de l'Exposition... Des étrangers qui ne s'y connaissent pas.

— Nous allons ?
— Palais de l'Industrie, au Champ de Mars.

EXPOSITION DES VOLAILLES.
— Oh! le superbe canard! Où a-t-il été élevé?
— Dans un journal.

EXPOSITION DES FROMAGES.
— Que pensez-vous de tous ces fromages ?
— Je n'en sais rien! Pour les juger il me faudrait un morceau de pain.

Henri IV mettant son cheval à la disposition des Béarnais qui iendront visiter l'Exposition.

— Triste! triste! des fromages anglais! suisses! hollandais! et pas un seul fromage turc! Toujours en retard sur le reste de l'Europe.

— Paraît qu'il y aura une exposition de chiens au mois de mai.
— Pourvu qu'on n'en fasse pas une de chats! Qu'est-ce que nous ferions pendant qu'ils seraient à l'exposition.

Messieurs les voleurs quittant tous la forêt de Bondy, pour venir s'établir restaurateurs pendant les six mois de l'Exposition

EXPOSITION.
— Pardon, gardien! Pourquoi le monde se porte-t-il du côté des machines qui sont là-bas, et personne du côté de celles-ci?
— Monsieur, ici ce sont les machines à vapeur explosibles.

— Monsieur a le droit de tout visiter. Monsieur peut entrer dans la chaudière.

EXPOSITIONS

— Tiens, c'est drôle! Je me l'étais toujours représenté à cheval sur ses droits.

Cocher de fiacre apercevant une personne sortant de l'Exposition et qui pourrait bien avoir besoin d'une voiture.

[LES DIAMANTS DE LA COURONNE.]
— Cristi! je canoterais bien sur cette rivière de diamants.

— Où sont exposés les diamants?
— Je n'en sais rien; mais je me laisse diriger par mon épouse. Les femmes arrivent tout naturellement à ces choses-là.

Une famille, peut-être indiscrète, visitant à l'Exposition les produits de Jean-Marie Farina.

— Mon ami, tu te trompes! le vrai Jean-Marie Farina, c'est ici.
— Tu es dans l'erreur: le véritable, c'est le mien, et les autres aussi.

EXPOSITIONS

RECETTE POUR FAIRE BATTRE SES HABITS.
Insister pour qu'un cocher vous conduise à l'Exposition.

Les cochers retirant la banquette et le plancher de leurs voitures pour conduire les voyageurs à l'Exposition.

Les marchandes des quatre-saisons gagnant beaucoup plus à ramener le monde de l'Exposition.

COMME QUOI AVEC LA POLITESSE ON ARRIVE A BOUT DES GENS.
— Cocher! à l'Exposition, s'il vous plaît!

Le pacha d'Égypte ayant eu le bon esprit de mettre son porte-monnaie hors de l'atteinte des pick-pockets de l'Exposition.

— Pauvre bête! Faut-il qu'il l'ait battue, pour lui avoir fait venir une bosse pareille.

M. Nadar ne sachant plus où poser le pied pour descendre, tant il y a de monde à Paris.

L'AVALEUR DE SABRE.
— Merci, que j'accepterais une invitation à dîner chez ce monsieur-là !

— Vos baigneurs ne viennent donc pas ?
— C't'année, les Parisiens ne se lavent pas. L'Exposition les occupe exclusivement.

Honteux comme un renard qu'une poule aurait pris !
LE COCHER DE FIACRE. — Canailles de bourgeois ! Les voilà qui montent en tapissières !

CHEZ LES AÏSSAOUAS.
Quittant une pelle toute rouge pour passer sa langue sur des cheveux qui lui paraissent d'un rouge encore plus ardent.

— C'est une horreur ! Je te dis d'aller avec ta bonne acheter une poupée à l'Exposition, et tu rapportes l'homme anatomique de M. Auzoux !

EXPOSITIONS

Les poissons du grand aquarium seuls à regretter l'Exposition, vu leur changement de position.

DÉMÉNAGEMENT DE L'EXPOSITION.
— Tant de pauvres diables qui ne savent où loger! Cela aurait si bien fait leur affaire.

LE RETOUR DANS LA TRIBU.
Revenant de l'Exposition avec les produits de la tribu, sans avoir obtenu une médaille d'or.

— Je vous en prie, veuillez signer cette lettre comme quoi vous devez votre triomphe à la douce Revalescière Dubarry.

— Quel malheur! Être né homme, tandis que j'aurais pu me faire une brillante position comme bœuf!

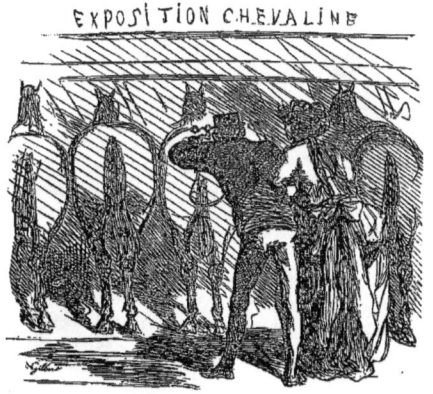

Bien incommode pour juger de leur physionomie.

— Pardon, monsieur! cette puce est-elle bien à vous? Vous allez me suivre au poste!

— Madame, il manque une puce! tout le monde va être fouillé!

La sculpture prenant part à l'exposition d'horticulture.

Les pauvres souverains ne sachant plus où déposer leurs affaires.

— Militaire, vous cherchez un tableau?
— Je cherche le tableau d'avancement.

Le phylloxera supplie qu'on le retire de l'exposition des insectes, craignant d'y attraper des puces.

EXPOSITIONS

— Ça n'intéresse pas madame de voir les punaises?
— Ma foi, non! nous en avons de plus grosses que ça à la maison!

Pose d'une étagère dans l'intérieur de l'Exposition pour que les ouvriers chinois puissent s'y reposer.

LES COCHERS DURANT L'EXPOSITION.
— Je veux qu'on se découvre dans ma voiture.

LE 1ᵉʳ MAI.
— L'Apollon de M. Millet tâche d'apercevoir le Trocadéro du haut de la coupole de l'Opéra.

Une nouvelle industrie qui aurait du succès à l'Exposition où l'on manque de sièges.

— Monsieur, vous avez un bouton sur le nez!
— Depuis quelques jours seulement!
— Il n'est pas sur votre photographie! Allez le faire mettre.

EXPOSITIONS

— Comment, cinquante centimes? malgré ma photographie d'entrée!
— Vous n'y êtes qu'à moitié : le reste paye.

LE BALLON CAPTIF.
— Monsieur, votre pièce de vingt francs n'est pas de bon aloi : quittez le ballon tout de suite !

Les exposés ne pouvant se montrer que très empressés de faire constater par le public l'épaisseur de leur lard.

Les anémiques au régime de la viande crue pouvant mettre à profit l'exposition des Champs-Élysées.

— Mon ami, si tu faisais faire ton portrait par ce Monsieur Carolus Duran? il t'avantagerait peut-être.

— Monsieur, après vous, ce tableau, quand vous l'aurez lu.

EN TOUTES SAISONS

EN TOUTES SAISONS

— Il parle déjà? Qu'est-ce qu'il demande?
— *L'Univers illustré.*
— Bravo! il fait preuve de goût.

— C'est inexplicable! Il n'y a pas cinq minutes qu'il est arrivé, et le voilà déjà avec un numéro de journal dans la main.

LES PLUS VILAINES ÉTRENNES.
— Ma bonne, je veux que tu me donnes des étrennes.
— Je n'ai rien à te donner, polisson!
— Si fait, je veux...
— C'est juste! je vais te donner le fouet.

LES PLUS BELLES ÉTRENNES.
— Que veux-tu pour tes étrennes?
— Je veux tout!
— *L'Univers*, alors?
— C'est cela, *illustré*.

EN TOUTES SAISONS

— Mon ami, on nous a envoyé ces cartes. Il faut d'abord que tu les lises, puis, que tu les rendes.
— Et on appelle cela faire des politesses !

— Madame Pipelet, je vous la souhaite !
— A partir du troisième, les locataires m'embrassent avec !

— Vous plaisantez, je vous ai déjà donné.
— Quand donc ça ?
— Mais l'année dernière, à c'te époque-ci justement.

— Vous n'auriez pas un almanach sur lequel il n'y aurait pas la fête de ma femme ?

— Vingt sous d'étrennes ! Vous concevez, ma pauvre dame, que je vous tromperais en vous la souhaitant bonne et heureuse.

— Vingt sous d'étrennes ! Heureusement, avec votre état de santé, vous ne recommencerez pas l'année prochaine.

EN TOUTES SAISONS

— Rien pour mes étrennes? Et moi qui me suis dérangée pour voir l'homme-chien!!!

— Aurons-nous un bœuf gras c't' année?
— Moi, à sa place, je tâterais d'abord l'opinion par un manifeste.

— Madame, aurez-vous bientôt mis un terme à cette conduite?
— Vous n'avez donc pas de patience? Le carnaval est si court cette année!

— Où que tu demeures, petit?
— C'te bêtise! Quartier Bréda, parbleu!

Un jour de bonheur..... et après!

Singulier rapprochement à l'époque du mardi-gras.

— Ai-je couru pendant trois jours pour le voir ! Nous finissons enfin par nous rencontrer.

— Allons, bon ! voilà le dégraisseur !

— Te v'là, mon chéri. Viens embrasser maman !

MI-CARÊME.
La reine des blanchisseuses jouant du sceptre.

— Joseph, je désire que vous alliez entendre prêcher le carême.
— C'est inutile, madame ; il ne reste jamais grand'chose à la cuisine.

UN BAL EN CARÊME.
— Si madame n'aime pas les œufs à la coque, je vais aller lui chercher des lentilles.

— Vous allez le renvoyer?
— Oui, je le trouve trop gras pour le carême.

— C'est toi, Bichu?
— Tiens, c'est toi, Boirot? Rien de tel que le ruisseau pour se rencontrer le mercredi des Cendres.

Avoir soin de bien la boucler dans son lit, une fois qu'elle y sera rentrée.

Pas de feuille au 20 mars! Je viens d'y accrocher mon journal, pour lui sauver l'honneur.

— Vos maîtres sont malades, qu'ils m'ont envoyé chercher?
— Non, docteur, on vous a fait venir pour ce jambon que nous avons acheté à la foire. Il est peut-être malade!

— Une tranche de jambon de Pâques?
— Je suis père de quatre enfants; laissez-moi, auparavant, aller embrasser ma famille.

— Toi qui te plaignais de ce que je ne t'avais pas conduite aux eaux; tu vois bien que tout vient à point à qui sait attendre.

COURSES DU PRINTEMPS.
— Tiens, c'est drôle ! Le printemps ne leur dit donc pas autre chose ?

M. Le Verrier voyant passer toutes les comètes du côté de l'Observatoire rival, qui leur donne en prime des démêloirs en écaille pour peigner leurs queues.

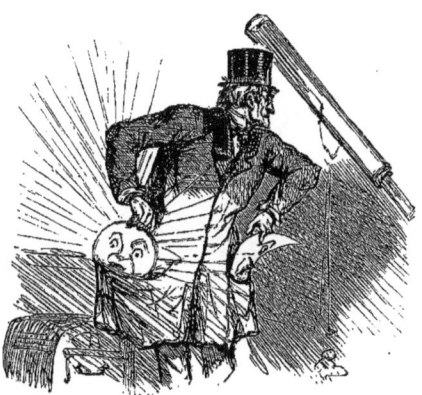

Un astronome, le jour de son départ, mettant le soleil et la lune dans ses poches, les considérant comme sa chose.

GUIDE DE L'ÉTRANGER A PARIS.
Un jour de fête, monter au mât de cocagne pour y jouir d'un coup d'œil exceptionnel.

UNE FEMME D'ORDRE.
— Joseph, je vous renouvellerai votre fourrure l'hiver prochain; vous finirez d'user celle-ci pendant l'été.

LA TRICHINOSE ET LA MALADIE DES BÊTES A CORNES.
— Je me sens joliment malade!
— Et moi donc! égoïste!

— Qui vive?
— Trichine!
— Passez au large.

— Vous allez tuer votre cochon?
— Oui, monsieur, dans l'intérêt de sa santé : il n'aurait qu'à attraper la trichinose.

DÉDIÉ A M. GLAIS-BIZOIN.
— Le vrai courage, par ce temps de trichinose.

EN TOUTES SAISONS

RÉPARATION DES JARDINS PUBLICS.
Quand on ne peut se promener sous des marronniers, on s'y promène dessus.

LE CHRONIQUEUR EN VILLÉGIATURE.
— Comment, pas de crimes, pas de scandales dans ce pays-ci ! Mais vous voulez donc que les chroniqueurs parisiens n'y trouvent rien à se mettre sous la dent ? C'est dégoûtant, ma parole d'honneur !

DANS LE TRAIN DU SIMPLON.
— A Genève, veux-tu que nous allions au théâtre ?
— Je n'en veux pas, des pièces suisses !

— Ton baigneur ! Il m'embête ! Il ne paye rien !

BÉOTISME MARITIME.
— Sors donc, Félicie ! voilà qu'il pleut !
— Merci ! j'ai pas envie de me mouiller.

A L'ÉPOQUE DES ESSAIS DES NOUVEAUX CANONS AU BORD DE LA MER.
Rapportant un souvenir de Trouville.

— Comme tu as l'air embarrassé en regardant les Pyramides.
— Je crois bien! Il vient de m'en donner une.

— Ah! mon Dieu! j'ouvre le journal et je trouve toute notre conversation en chemin de fer! C'est une horreur; il faudrait un wagon à part pour les chroniqueurs!

— J'ai laissé mes rhumatismes là-bas.
— Comme une fatalité! Monsieur ne peut pas voyager sans oublier quelque chose.

RETOUR DES EAUX.
— Ma chère amie, j'arrive des boues de Saint-Amand; vous ne pourriez pas me donner l'adresse d'un bon décrotteur?

— J'ai engagé Baudruchard à venir dîner avec nous.
— Quelle folie! Un homme qui vient de se refaire un estomac à Vichy! il dévorera tout dans la maison.

— Je reviens un peu brunie!
— Pourquoi aussi que Madame est allée aux eaux avant de savoir si elle était bon teint?

EN TOUTES SAISONS

— Mam'zelle Françoise, vous n'avez pas besoin de rien ?
— Non. Mes maîtres reviennent ce soir des eaux; ils en rapporteront probablement avec eux.

— Ce monsieur prétend qu'il n'a jamais payé vos civets ce prix-là ?
— C'est possible, avant la taxe sur les chats !

SIGNALEMENT DU PHYLLOXERA.
Facile à reconnaître à sa marche, étant constamment dans les vignes

— Mais ça n'est pas possible !
— Je te dis que si ! Le phylloxera est à la mode ; j'en veux dans mes vignes.

— Qu'est-ce que vous avez donc à pleurer, l'écaillère ?
— Mes pauvres huîtres qui sont malades !
— Ça va faire de la peine à bien du monde ! On les aimait tant !

— A l'assassin ! A l'assassin !
— Qu'as-tu donc, Ernestine ?
— Un monsieur qui a voulu me payer une douzaine d'huîtres !.. A l'assassin !

EN TOUTES SAISONS

Le contrôleur des omnibus obligé de jouer du plumeau pour compter les voyageurs de l'impériale.

Quel beau rêve pour la plupart des gens, si, à l'époque du jour de l'an, les boutiques des confiseurs avaient été bloquées par les neiges!

— Y en a pas! M'sieu veut-il que j'aille i-en chercher chez Tortoni?

— T'aimerais pas être sénateur!
— Fichtre non! Inamovible de ce temps-ci!

— J'aime mieux que ce soit toi qui montes la-haut! J'ai un froid de loup, tandis que toi, tu as un bon paletot et un chapeau.

LES TÉNORS GRIPPÉS DE L'OPÉRA.
Dans *Guillaume Tell*, Arnold change de direction en s'écriant : « Suivez-moi! »

Les chevaux du cortège de *la Juive* attrapant la grippe, rien que de s'être approchés des ténors.

— Tu t'en vas déjà?
— Ma foi, oui! Ils ne vous parlent que de l'escalier et de la question d'Orient.

— Laissez-moi tranquille, ou je prends mes ciseaux!

— Tu trouves qu'il y a trop de compatriotes de M. Strauss?
— Ils m'engagent tous à souper... à Vienne!

— Vous avez eu des chagrins?
— Oui, monsieur! un amour contrarié.
— Vraiment?
— Oui, monsieur! pour le homard.

— Mon Dieu! monsieur, vous voudrez bien m'excuser; mais vous concevez, n'ayant pas l'honneur de vous connaître!

— Madame, vous allez peut-être me trouver gauche et emprunté...
— Gauche? non; emprunté? je le veux bien : prêtez-moi dix francs.

— Sortez! Les pierrots doivent être en habit noir et cravate blanche.

— Tu fais tes deuils, mon bébé?
— C'est pas comme toi, ma pauvre vieille : on fait les tiennes!

— Vous avez six francs pour égayer le bal; tâchez donc d'avoir des mots spirituels.
— Hélas! mon fournisseur n'est plus! Gavarni parti, hélas!

— Monsieur, je n'aurais pas accepté de souper avec vous si ce n'était un réveillon! C'est le côté pieux qui m'a décidée!

— Ma pauvre fille! ça te vexe de t'en aller?
— Dame, oui, je ne m'ennuyais pas trop.

TABLE

	Pages.
Introduction	7
De Tout et Partout	17
Un peu d'Instruction	49
Musique	65
Plaideurs et Chicaniers	81
Un peu de Modes, et en Chasse	91
Un peu de Réalisme	103
Questions d'art	113
Sport et Escrime	133
Politique	151
Militariana	191
Théâtres	213
Salons de Peinture et de Sculpture	273
Expositions	289
En toutes Saisons	315

L'UNIVERS ILLUSTRÉ

JOURNAL HEBDOMADAIRE

(25ᵉ ANNÉE)

Paraît le Samedi de chaque semaine

PRIX DU NUMÉRO : 40 CENTIMES

PRIX DE L'ABONNEMENT :

FRANCE : Un an, 22 fr. ; — Six mois, 11 fr. 50 ; — Trois mois, 6 fr. »
EUROPE : — 23 fr. — 12 fr. » — 6 fr. 50

M. LITTRÉ

PRIME GRATUITE
DE
l'Univers illustré

Toute personne qui s'abonnera à l'Univers illustré *pour un an, ou qui renouvellera son abonnement pour la même période, aura droit à recevoir* gratuitement :

LES FOLIES
PARISIENNES
PAR CHAM
Introduction par GÉRÔME

Splendide volume illustré, format grand colombier, imprimé sur beau papier satiné ; élégante reliure avec dorures spéciales sur les plats.

La PRIME GRATUITE *est délivrée dans les bureaux de*
L'Univers illustré
3, rue Auber, place de l'Opéra

Les abonnés des départements qui voudraient la recevoir à domicile, devront ajouter au montant de l'abonnement 2 francs, pour frais de port et d'emballage.

PRIME GRATUITE
DE
l'Univers illustré

Toute personne qui s'abonnera à l'Univers illustré *pour un an, ou qui renouvellera son abonnement pour la même période, aura droit à recevoir* gratuitement :

DOUZE ANNÉES
COMIQUES
PAR CHAM
1868-1879

1,000 gravures avec une introduction par LUDOVIC HALÉVY, *un volume de 350 pages, format grand colombier, imprimé sur papier satiné ; élégante reliure avec dorures spéciales sur les plats.*

La PRIME GRATUITE *est délivrée dans les bureaux de*
L'Univers illustré
3, rue Auber, place de l'Opéra

Les abonnés des départements qui voudraient la recevoir à domicile, devront ajouter au montant de l'abonnement 2 francs, pour frais de port et d'emballage.

La publication de l'*Univers illustré*, à laquelle la presse entière a rendu justice, est, en même temps qu'une belle œuvre, une œuvre utile. Par son prix modique elle est accessible à toutes les bourses ; par son texte spirituel, intéressant, instructif et moral elle pénètre dans toutes les familles ; enfin ses illustrations, de véritables œuvres d'art dues à la collaboration des meilleurs dessinateurs et des graveurs les plus habiles, sont bien faites pour satisfaire le goût artistique de ses lecteurs.

Chaque numéro contient une Chronique d'un de nos plus spirituels écrivains, qui cache sa personnalité, des plus connues dans le monde littéraire et parisien, sous le pseudonyme déjà célèbre de Gérôme.

L'éloge de cette chronique n'est plus à faire, la presse entière l'a consacrée depuis longtemps en lui empruntant chaque semaine des extraits nombreux aussi attrayants au point de vue littéraire qu'au point de vue de l'information rapide et mondaine.

En outre de la Chronique on trouvera dans chaque numéro une Revue théâtrale, un Bulletin des événements de la semaine ; — un Roman ou une nouvelle attrayante ; — un Courrier du Palais ; — des Articles sur les événements du jour, l'histoire, les arts, les voyages, etc.; — une Causerie scientifique ; des Problèmes d'échecs et des Rébus ; — un Courrier de modes, qui amuse et intéresse en même temps qu'il tient au courant de la vie parisienne et de ses élégances. — Chaque mois, une Revue comique par Draner.

LES BONS ROMANS

Journal paraissant le Mardi et le Vendredi de chaque semaine

5 CENTIMES LE NUMÉRO — 7 CENTIMES PAR LA POSTE

PRIX DE L'ABONNEMENT POUR PARIS ET LA PROVINCE

UN AN, 8 FR.; — SIX MOIS, 4 FR.

Chaque volume semestriel : broché, 3 fr. (rendu *franco*, 4 fr.); relié, 4 fr. 50 (1 fr. 50 en plus par la poste).
Collection complète (38 volumes) : brochée, 114 fr.; reliée, 171 fr. (envoi franco).
Chaque série mensuelle brochée, avec une jolie couverture illustrée. Prix : 50 cent. Par la poste : 70 centimes.

Le journal *les Bons Romans* réédite les meilleurs ouvrages des auteurs contemporains les plus célèbres :

ALEXANDRE DUMAS — OCTAVE FEUILLET — THÉOPHILE GAUTIER
VICTOR HUGO — GEORGE SAND — FRÉDÉRIC SOULIÉ — JULES SANDEAU — LÉON GOZLAN — HENRI MURGER
A. DE LAMARTINE — ALPHONSE KARR — EUGÈNE SCRIBE
H. DE BALZAC — ALFRED DE MUSSET — ALEXANDRE DUMAS FILS — AUGUSTE MAQUET
EUGÈNE SUE — JULES JANIN — MÉRY — ETC., ETC.

Illustrations par les meilleurs artistes :

MM. A. DE NEUVILLE, GUSTAVE JANET, JANET-LANGE, FOULQUIER, LIX, CASTELLI, PHILIPPOTEAUX, RIOU, FERDINANDUS, GUSTAVE ROUX, ETC., ETC.

BUREAUX : Librairie CALMANN LÉVY, rue Auber, 3, place de l'Opéra.

CALMANN LÉVY, Éditeur, rue Auber, 3, place de l'Opéra.

ASSEMBLÉE NATIONALE COMIQUE

Texte par Auguste LIREUX

ILLUSTRATIONS DE

CHAM

Un volume très grand in-octavo, imprimé avec luxe et contenant 180 Dessins.

Broché, avec couverture illustrée . . . . 20 fr. »
Reliure toile, avec fers spéciaux, doré sur tranches. . . . . 22 fr. 50
Demi-reliure chagrin, plats toile, doré sur tranches . . . . 25 fr. »

CALMANN LÉVY, Éditeur, rue Auber, 3, place de l'Opéra.

CINQ-MARS

ou

UNE CONJURATION SOUS LOUIS XIII

CINQ-MARS
D'après une gravure du Cabinet des Estampes de la Bibliothèque nationale.

Par ALFRED DE VIGNY

Un beau volume grand in-8 jésus, illustré de 50 Gravures

Prix broché : 5 fr.

Reliure toile, avec fers spéciaux, doré sur tranches . . . . 7 fr. 50
Demi-reliure chagrin, plats toile, doré sur tranches . . . . 9 fr. »

CALMANN LÉVY, Éditeur, rue Auber, 3, place de l'Opéra.

LE PAYS
DU
SOLEIL DE MINUIT

Suède, Norvège, Laponie et Finlande du Nord

Par PAUL DU CHAILLU

VOYAGE PITTORESQUE A TRAVERS LA PÉNINSULE SCANDINAVE — MŒURS, COUTUMES ET FÊTES POPULAIRES
ANTIQUITÉS, MONUMENTS ET CURIOSITÉS LOCALES

Édition admirablement illustrée de 98 vignettes et 20 gravures hors texte

Un beau volume très grand in-8 jésus

Prix, broché	15 francs.
Reliure toile, avec fers spéciaux, doré sur tranches	18 —
Demi-reliure chagrin, plats toile, doré sur tranches	20 —

DU MÊME AUTEUR

VOYAGES ET AVENTURES DANS L'AFRIQUE ÉQUATORIALE. Un volume illustré	25 francs.
L'AFRIQUE OCCIDENTALE. Un volume illustré.	8 —
L'AFRIQUE SAUVAGE. Un volume illustré..	8 —

CALMANN LÉVY, Éditeur, rue Auber, 3, place de l'Opéra.

LE
CHEVALIER NOIR

PAR

MARY LAFON

UN BEAU VOLUME

Splendidement illustré de 20 Gravures sur bois tirées à part et gravées par les meilleurs Artistes

D'APRÈS LES DESSINS DE

GUSTAVE DORÉ

Prix, broché : 3 francs

Reliure toile rouge, titre sur le plat et tranche dorée	10 fr. 50
Demi-reliure chagrin, plats toile, doré sur tranches	12 fr. »

CALMANN LÉVY, Éditeur, rue Auber, 3, place de l'Opéra.

ŒUVRES COMPLÈTES

DE

H. DE BALZAC

ÉDITION DÉFINITIVE

Les *Œuvres complètes* de BALZAC, édition définitive

SE COMPOSENT DE

SCÈNES DE LA VIE PRIVÉE.	4 volumes
SCÈNES DE LA VIE DE PROVINCE	3 —
SCÈNES DE LA VIE PARISIENNE	4 —
SCÈNES DE LA VIE MILITAIRE ET SCÈNES DE LA VIE POLITIQUE.	2 —
SCÈNES DE LA VIE DE CAMPAGNE	1 —
ÉTUDES PHILOSOPHIQUES.	3 —
THÉATRE COMPLET	1 —
CONTES DROLATIQUES.	1 —
ŒUVRES DIVERSES INÉDITES : *Contes et nouvelles.* — *Essais analytiques.* — *Physionomies et Esquisses parisiennes.* — *Croquis et fantaisies.* — *Portraits et Critique littéraire. Polémique judiciaire.* — *Études historiques et politiques.*	4 —
CORRESPONDANCE.	1 —

et forment 24 beaux et très forts volumes in-8 cavalier à 7 fr. 50.

L'Ouvrage complet . . . 180 fr.

Il a été tiré, pour les bibliophiles et les amateurs, un très petit nombre d'exemplaires numérotés, sur beau papier de Hollande portant dans son filigrane la marque distinctive de l'édition.

PRIX DE CHAQUE VOLUME SUR PAPIER DE HOLLANDE. . . . . . . 25 francs.

Les volumes sur papier de Hollande ne se vendent pas séparément.

CH. DE LOVENJOUL

Histoire des Œuvres de Balzac

UN VOLUME : 7 FR. 50

Cet ouvrage, publié dans le même format que les *Œuvres* de H. DE BALZAC et imprimé avec les mêmes caractères, est le complément nécessaire de cette édition, véritable monument littéraire.

CALMANN LÉVY, Éditeur, rue Auber, 3, place de l'Opéra.

Ouvrages d'Amateurs non illustrés

FORMAT IN-OCTAVO

J.-J. AMPÈRE. L'Histoire romaine a Rome, avec des plans topographiques, 4 forts volumes . . . . 30 fr.
Reliure demi-chagrin, tranches jaspées . . . 38 fr.
— L'Empire romain a Rome, 2 forts volumes . . 15 fr.
Reliure demi-chagrin, tranches jaspées . . . 19 fr.
LE LIVRE D'UNE MÈRE, par Louis Ulbach. 1 beau volume imprimé sur papier de luxe, avec une eau-forte d'Hédouin . . . . 6 fr.
Reliure demi-chagrin, tranches dorées . . . 9 fr.
ŒUVRES COMPLÈTES DE BALZAC. Nouvelle édition, seule complète et définitive, 25 magnifiques volumes imprimés par Claye, sur papier vélin des fabriques du Marais . . . . 187 fr. 50
Reliure d'amateur, tranche dorée en tête 287 fr. 50
Il reste quelques exemplaires numérotés, sur beau papier de Hollande portant dans son filigrane la marque distinctive de son édition. Prix . . . . 600 fr.
X. DOUDAN. Mélanges et Lettres, avec une introduction du comte d'Haussonville et des notices de MM. de Sacy et Cuvillier-Fleury, 4 beaux volumes ornés d'un beau portrait de l'auteur . . . . 30 fr.
Reliure d'amateur, tranche dorée en tête . . 46 fr.

ŒUVRES COMPLÈTES DE F. PONSARD. 3 magnifiques volumes, imprimés sur beau papier par Claye 22 fr. 50
Reliure d'amateur, tranche dorée en tête. 37 fr. 50
ŒUVRES COMPLÈTES DE A. DE TOCQUEVILLE. Nouv. éd. revue et augmentée, 9 beaux vol. . 54 fr.
Reliure demi-chagrin, tranches jaspées . . . 72 fr.
ŒUVRES COMPLÈTES D'ALFRED DE VIGNY, avec un beau portrait de l'auteur, 6 beaux volumes . 30 fr.
Reliure d'amateur, tranche dorée en tête . . 54 fr.
LORD MACAULAY, Trad. Guillaume Guizot. Essais historiques et littéraires. 6 beaux volumes . . 36 fr.
Reliure demi-chagrin, tranches jaspées . . . 48 fr.
F. GUIZOT. Mémoires pour servir a l'histoire de mon temps. 8 beaux volumes . . . . 60 fr.
Reliure demi-chagrin, tranches jaspées . . . 76 fr.
VICTOR HUGO. Les Contemplations. 2 beaux volumes . . . . 15 fr.
Reliure d'amateur, tranche dorée en tête . . 23 fr.
C.-A. SAINTE BEUVE. Poésies complètes. 2 beaux vol. imprimés sur papier de luxe. . . . . 10 fr.
Reliure d'amateur, tranche dorée en tête . . 18 fr.

FORMAT IN-DIX-HUIT

ÉMILE AUGIER. Théatre complet. Nouvelle édition, 7 beaux volumes . . . . 24 fr. 50
Reliure d'amateur, tranche dorée en tête. . 42 fr.
ŒUVRES COMPLÈTES DE CHARLES BAUDELAIRE. Édition définitive. 7 beaux volumes avec un portrait de l'auteur . . . . 24 fr. 50
Reliure d'amateur, tranche dorée en tête . . 42 fr.
LOUIS BLANC. Dix ans de l'histoire d'Angleterre 10 beaux volumes . . . . 35 fr.
Reliure demi-chagrin ou demi-veau, tranches jaspées . . . . 50 fr.
ŒUVRES COMPLÈTES DE P. CORNEILLE. Nouvelle édition avec notice de C.-A. Sainte-Beuve, 1 volume, reliure d'amateur . . . . 5 fr.
SOUVENIRS DE LA MARQUISE DE CRÉQUY. 1710 à 1803. Nouvelle édition augmentée d'une correspondance inédite et authentique de la marquise de Créquy, 5 volumes . . . . 17 fr. 50
Reliure d'amateur, tranche dorée en tête . . 30 fr.
LE DANTE. L'Enfer, le Paradis, le Purgatoire. — Traduction en vers, par Louis Ratisbonne, couronné par l'Académie française. 3 vol . . . . 10 fr. 50
Reliure d'amateur, tranche dorée en tête . . 18 fr.
X. DOUDAN. Lettres, avec une introduction du comte d'Haussonville et des notices de MM. de Sacy et Cuvillier-Fleury. 4 beaux volumes . . . . . . 14 fr.
Reliure d'amateur, tranche dorée en tête. . 24 fr.
ALEXANDRE DUMAS FILS. Théatre complet. Nouvelle édition avec préfaces inédites, 6 beaux volumes avec portrait de l'auteur . . . . 21 fr.
Reliure d'amateur, tranche dorée en tête . . 36 fr.
ŒUVRES COMPLÈTES D'OCTAVE FEUILLET. Nouvelle édition. 12 volumes . . . . 42 fr.
Reliure d'amateur, tranche dorée en tête . . 72 fr.
LA BRUYÈRE. Les Caractères. Reliure d'amateur, tranche dorée en tête. 2 volumes. . . . . . 12 fr.
ŒUVRES COMPLÈTES DE HENRI HEINE. Nouvelle édition, ornée d'un portrait de l'auteur. 15 beaux volumes . . . . 52 fr. 50
Reliure d'amateur, tranche dorée en tête . . 90 fr.

VICTOR JACQUEMONT. Correspondance. Seule édit. complète, 4 volumes . . . . 14 fr.
Reliure d'amateur, tranche dorée en tête . . 24 fr.
EUGÈNE LABICHE. Théatre complet avec une préface d'Émile Augier, de l'Académie française. 10 beaux et forts volumes . . . . 35 fr.
Reliure d'amateur, tranche dorée en tête . . 60 fr.
EUGÈNE MANUEL. Poésies complètes. 4 volumes imprimés sur beau papier par Claye. . . . . . . 14 fr.
Reliure d'amateur, tranche dorée en tête . . 24 fr.
J. RACINE. Théatre complet, avec notice de Sainte-Beuve, 1 volume, reliure d'amateur . . . . . 5 fr.
ROBERT HOUDIN. L'Art de gagner a tous les jeux. 1 vol. illustré . . . . 3 fr. 50
— Comment on devient sorcier. 1 vol. illustré. 3 fr. 50
— Magie et physique amusante. 1 vol. illustré. 3 fr. 50
— Le cartonnage toile, tranches dorées, se paye à part et en sus de chaque volume.
C.-A. SAINTE-BEUVE. Chateaubriand et son groupe littéraire sous l'Empire. Nouvelle édition corrigée et augmentée de notes, 2 vol . . . . 7 fr.
Étude sur Virgile. 1 vol . . . . 3 fr. 50
Lettres a la Princesse, 1 vol . . . . 3 fr. 50
Nouveaux Lundis, 13 vol. . . . . 45 fr. 50
Portraits contemporains. Nouvelle édition revue corrigée et très augmentée, 5 vol. . . . . . . 17 fr. 50
P.-J. PROUDHON, sa vie, sa correspondance. 1 vol. 3 fr. 50
Premiers Lundis. 3 vol . . . . 10 fr. 50
Souvenirs et Indiscrétions. 1 vol. . . . . . 3 fr. 50
La reliure (demi-chagrin, tranches jaspées) se paye à part et en sus de chaque volume. . . . . 1 fr. 50
ŒUVRES COMPLÈTES D'AUGUSTIN THIERRY. Nouvelle édition, revue avec le plus grand soin 5 beaux volumes . . . . 17 fr. 50
Reliure d'amateur, tranche dorée en tête . . 30 fr.
ŒUVRES COMPLÈTES D'ALFRED DE VIGNY. Nouvelle édition, ornée d'un portrait de l'auteur. 6 beaux volumes . . . . 21 fr.
Reliure d'amateur, tranche dorée en tête . . 36 fr.

FORMAT IN-TRENTE-DEUX

PAUL DÉROULÈDE. Chants du Soldat. 3 volumes imprimés sur beau papier par Claye. . . . . . 3 fr.
Reliure d'amateur (les 3 vol. en 1 seul) . . 5 fr. 50

ŒUVRES COMPLÈTES DE MOLIÈRE, publiées par Philarète Chasles. 5 volumes, reliure d'amateur, tranche dorée en tête . . . . 17 fr. 50

www.ingramcontent.com/pod-product-compliance
Lightning Source LLC
Chambersburg PA
CBHW060323170426
43202CB00014B/2641